QUINCE

PROYECTOS

HÍDRICOS

ISBN: 9781694338990

QUINCE PROYECTOS HÍDRICOS

JUAN SANZ SANZ

Entre 1983 y 1987, Juan Sanz Sanz (1943-2019), dio a conocer dieciocho proyectos hídricos y de aprovechamiento de tierras cultivables que durante años había estado elaborando cuidadosamente; todos ellos fueron enviados a los lugares que según su estimación podrían ser tenidos en cuenta y valorados.

De la alargada sombra proyectada a través del tiempo podemos, a día de hoy, en pleno siglo XXI, tener constancia de que en parte alguno de ellos fue llevado a término.

Sea como fuere, hace apenas un mes que falleció el autor y hoy, en Septiembre de 2019, en su memoria, presentamos aquí, en formato de libro, quince de sus PROYECTOS

HÍDRICOS, los otros tres ya están impresos por separado y disponibles también en formato digital desde hace unos días en Amazon.

África, América, Asia, Europa, India, Oriente…, todos los lugares del Planeta fueron minuciosamente estudiados por Juan Sanz Sanz, un autodidacta amante de la Geografía y también de la Historia, y de su observación y profundas reflexiones sobre las necesidades humanas y el aprovechamiento de la Naturaleza para intentar paliar los enormes déficits que entonces ya eran incuestionables, nacieron sus trabajos que de forma privada transmitió a Instituciones, responsables de Estados y a personajes públicos que gestionaban dichos problemas.

BIOGRAFÍA:

Autodidacta, Juan Sanz Sanz (1943-2019), se dedicó, desde la primera juventud, a desentrañar los problemas que le planteaban las lecturas de los hechos históricos narrados por los distintos autores que frecuentemente divergían entre sí.

La Geografía fue una de sus grandes aficiones y motivo de ferviente estudio, no existiendo en la Planeta lugar, por muy recóndito que se hallase, del que no se hubiera informado exhaustivamente.

El atento seguimiento de la realidad social y política en la que transcurrió su existencia se tradujo en propuestas de aprovechamiento hídrico en tres continentes y cada uno de los proyectos fue enviado en su día a los lugares que calculó más idóneos para su consecución.

Los idiomas -el francés, el inglés, el italiano, el portugués y el alemán, además del suyo propio, el castellano-, no tenían secretos para él y así pudo disfrutar plenamente de la Literatura escrita en ellos, otra afición en la que, como hombre ilustrado, encontraba a sus iguales.

En la primera juventud la guitarra española y posteriormente el piano, fueron instrumentos musicales a los que dedicó un gran esfuerzo parejo a la pasión que la Música despertaba en él y así, en la madurez, con auténtica devoción y delicadeza interpretaba hermosas piezas de Bach, Chopin, Debussy y Beethoven que contribuyeron mucho a hacer sus días más humanos y el paso del tiempo más leve.

Además de los Proyectos Hídricos deja muchos trabajos literarios prácticamente a punto de editar, algo que se procurará dar a la luz pública.

Página del autor en Amazon:

**https://www.amazon.com/author
/juansanzsanz**

Página del autor en Smashwords:

**https://www.smashwords.com/profile
/view/juansanzsanz**

In memóriam

CONTENIDO:

Arabia

1985

SINOPSIS:

Arabia no puede desarrollar su industria porque carece de agua y no puede producir alimentos y crearse una base agropecuaria mínima.

Un país industrial puede importar la mayor parte de los alimentos que consume, como Inglaterra hace un siglo *(*XIX)*, o Singapur y Hong Kong en la actualidad, pero no puede carecer de agua para beber. Esta es una situación mucho más extrema todavía. Así nos encontramos con un ciclo económico cerrado, aunque se den las condiciones básicas para ello.

En realidad, es la tragedia de muchos centros mineros importantes, surgidos en lugares apartados, carentes de casi todo y que no pudieron desarrollar todo el ciclo económico.

La mera acumulación de capitales que suscita la explotación de los yacimientos petroleros no basta para desarrollar todo el ciclo de producción. Falta precisamente este factor: el agua, sin el cual no puede haber industrias, ni desarrollarse grandes ciudades ni cosecharse grandes cantidades de alimentos.

Entonces se da la situación paradójica y, en cierto modo, peligrosa, de que estos grandes capitales, que están ahí, tienen que ser empleados en alguna parte, y esto se realiza en los países industrializados, que sí han logrado desarrollar todo el ciclo de producción. Por tanto, estos capitales les sirven principalmente a aquellos países, en los que producen.

<u>Territorio:</u>

Al entrar en la llanura de Bagdad, el Éufrates lleva un caudal medio de 710 m3/s y el Tigris de 1.340 m3/s. Es decir, 1980 m3. Aquí la llanura está a tan solo 30 metros sobre el nivel del mar.

El canal que proponemos podría recoger las aguas del Éufrates, desviando este río hacia el SE, en vez de dejarle que se una al Tigris y bordeando los acantilados de Kuwayt y Al Hasa.

Este canal podría llevar a la costa septentrional de Arabia un caudal de 500 m3/s. Una tubería de 12 metros de radio sería suficiente para llevar el agua, o 5 tuberías de 6 metros de radio, o 10 tuberías de 4 meros de radio.

De esta manera se evitaría la evaporación y, sobre todo, el mantenimiento de un nivel constante.

El canal, sin embargo, es más barato y no hay que atravesar ninguna cadena montañosa, aunque la toma en el río es bastante baja. Pero, aqui no se necesita el agua para cultivar, sino para las industrias y el abastecimiento de las ciudades.

Básicamente, se trata de aprovechar las aguas del Éufrates (Al Furat) y desviarlas hacia la costa nordarábiga.

<u>Consideraciones:</u>

Vemos que el origen de un fuerte ciclo económico está en el aprovechamiento de los excedentes de actividades económicas básicas. Pero, observemos, sin embargo, un hecho paradójico: un país con una gran base minero-energética, como es Arabia, que por determinados inconvenientes no logra despegar y seguir este ciclo *(*1985).*

En Arabia, los enormes excedentes de hidrocarburos suscitan la formación de una enorme masa de capitales. Pero estos capitales brutos no se aplican a la creación de una potente industria básica. Es decir, son capitales brutos.

La regla general no es que los excedentes agropecuarios o mineros formen capital directamente, sin más, sino que éstos se formen a partir de la actividad manufacturera derivada de aquellos. Esta actividad industrial, unida a la buena situación comercial, da origen a la verdadera acumulación de capitales, no a la falsa, que es la que se deriva de los excedentes sin más de productos básicos.

El hándicap de Arabia es que carece de agua, es un desierto. ¿De dónde extraerla?

Arabia no puede desarrollar su industria porque carece de agua y no puede producir alimentos y crearse una base agropecuaria mínima.

Un país industrial puede importar la mayor parte de los alimentos que consume, como Inglaterra hace un siglo *(*XIX),* o Singapur y Hong Kong en la actualidad, pero no puede carecer de agua para beber. Esta es una situación mucho más extrema todavía. Así nos encontramos con un ciclo económico cerrado, aunque se den las condiciones básicas para ello.

En realidad, es la tragedia de muchos centros mineros importantes, surgidos en lugares apartados, carentes de casi todo y que no pudieron desarrollar todo el ciclo económico.

Entonces se da la situación paradójica y, en cierto modo, peligrosa, de que estos grandes capitales, que están ahí, tienen que ser empleados en alguna parte, y esto se realiza en los países industrializados, que sí han logrado desarrollar todo el ciclo de producción. Por tanto, estos capitales les sirven principalmente a aquellos países, en los que producen, quedando los dueños de los capitales en la condición de meros prestamistas.

Ya sabemos que esto no es completamente así y que Riyad realiza enormes esfuerzos financieros para transformarse, para intentar seguir el ciclo productivo. Pero es en vano.

Las infraestructuras que se realizan allí lo son a unos precios exorbitantes y, por tanto, onerosas; son un gasto insuficiente e innecesario. No digo que no no se deban hacer, sino que el hacerlas no va a permitir que Arabia siga el ciclo adelante. La causa ya la hemos indicado antes: es un desierto.

Si se pudiera llevar agua hasta Arabia, la situación cambiaría, porque el territorio dispondría del elemento fundamental que le falta. Por eso podríamos pensar que los males de Arabia se solucionarían con la desviación del Chatt el Arab hacia su territorio, en lugar de dejar que se pierda lastimosamente el agua de estos ríos, cuyo caudal en conjunto es de casi 2.000 m3/s, (es decir, 710 m3 del Éufrates y 1.240 m3 el Tigris a la entrada de Bagdad).

Los árabes podrían financiar en Irak el aprovechamiento para la irrigación de parte de las aguas de los ríos mesopotámicos, a cambio de que los sobrantes de ellos pudieran ser desviados hacia las llanuras septentrionales de la Península. Se trata, sin duda de un gran proyecto.

Propuesta:

"5 enero, 1985.

Someto a Su consideración y la de Su Gobierno, una propuesta relativa al aprovechamiento de las aguas del río Éufrates para el abastecimiento de ciudades e industrias y la irrigación de la costa septentrional de la Península Arábiga.

Me permitirá que exponga algunos hechos generales. El Éufrates lleva en Ramadi, al entrar en la llanura de Bagdad, una caudal de 710 m3/s por término medio, en tanto que el caudal del Tigris es de 1.240 m3/s. La mayor parte de los casi 2.000 m3/s que discurren por ambos ríos se pierden en el mar o se evaporan en las extensas marismas que cubren la parte baja de Mesopotamia.

Por el contrario, la Península Arábiga carece de ríos y se aprovisiona de agua exclusivamente con manantiales subterráneos. La propuesta que me permito dirigir consiste en unir ambos factores complementarios. Arabia necesita el agua que se pierde miserablemente en el Khalij al Arabah y esta agua podría ser llevada a lo largo de la costa septentrional de la Península mediante un canal, puesto que ningún obstáculo montañoso lo impide. Si se lograse desviar, de esa forma, un caudal de 500 m3/s que aprovisionara las zonas industriales y las ciudades e irrigase extensos vergeles, los Estados árabes del Golfo tendrían una base económica muy sólida.

Esta base les falta en la actualidad. Es precisamente la falta de agua la causa que impide un desenvolvimiento industrial en consonancia con sus enormes recursos energéticos. La falta de agua impide que los beneficios obtenidos en los yacimientos petroleros den origen a un ciclo de producción completo, que lleve desde la posesión de estas fuentes de riqueza naturales hasta la conversión en un gran país industrial, de alta tecnología y autosuficiente. La mera acumulación de capitales que suscita la explotación de los yacimientos petroleros no basta para desarrollar todo el ciclo de producción. Falta precisamente este factor: el agua, sin el cual no puede haber industrias, ni desarrollarse grandes ciudades ni cosecharse grandes cantidades de alimentos. De ahí que, a mi juicio, el desenvolvimiento económico de Arabia Saudita y los demás Estados productores petroleros de la Península está limitado, sin poder dar ese paso adelante. Me perdonará que exponga las cosas con tanta crudeza, pero los hechos, en mi opinión, son así,

Se trata de una obra colosal. Pero ¿qué herencia mejor puede dejar se al pueblo árabe que el aprovisionamiento superabundante del ansiado líquido vital? Además, la riqueza que se esconde en los campos petroleros es transitoria, se agotará al paso de unas generaciones. En cambio, el aprovisionamiento de agua es una riqueza inagotable, de valor infinitamente superior. Los Estados árabes podrían desarrollar el ciclo de producción completo; no sólo tendrían agua para sus industrias y ciudades, sino que producirían buena parte de los alimentos que necesitan, sin tener que comprarlos en el exterior.

Tal vez estas ideas no sean nuevas y hayan sido planteadas. Es algo que desde la lejana España no puedo saber. Si no fuera así, mucho me alegraría que pudieran ser de utilidad.

Juan Sanz Sanz,"

Drenaje y cultivo de los pantanos del bajo Magdalena

1984

SINOPSIS:

Como es sabido, el gran río Magdalena forma un enorme espacio palustre, cubierto de ciénagas y fértiles aluviones, al acercarse al mar. Es un delta interior provocado por la presencia de una sierra costera, de poca altitud, pero suficiente para frenar la velocidad del río, causando, de un lado, la inundación y, de otro, el depósito de ricos limos durante un largo periodo geológico. Esta es la región potencialmente aprovechable más extensa de Colombia y tiene más de 10 millones de hectáreas.

Si las aguas de las crecidas de los ríos Magdalena, Cauca, César y San Jorge, y las grandes lluvias que caen en la región, tuvieran una mejor salida, con casi toda probabilidad las regiones encharcadas quedarían secas y listas para el cultivo.

Para corregir las causas que motivan la inundación actual, que inutilizan las tierras para el cultivo, facilitando la salida de las aguas y dejando los suelos al descubierto, sería preciso una operación de drenaje, ahondado y ampliación de los cauces actuales, rebajando el nivel del fondo de los lechos. La villa de Mompós se encuentra a una altura sobre el mar de 30 metros aproximadamente. Hay nivel suficiente para llevar a cabo esta operación.

Territorio:

El poderoso Magdalena, al acercarse a la desembocadura, encuentra su camino semicerrado por la cadena litoral. Entre sus aguas, las del Cauca. César y San Jorge y las grandes lluvias que caen sobre la región, se produce una acumulación de agua, una inundación casi perenne.

La vega del río Sinu puede servirnos de ejemplo. Es seguramente la región colombiana potencialmente más rica. Suelos excepcionalmente fértiles. Su extensión es de 600.000 hectáreas (6.000 km2), mucho mayor que la vega del Cauca (400.000 has), del San Jorge (200.000 has) y de Bogotá (145.000 has). El suelo fértil tiene un espesor medio de 1,20 ms. Su altura media es de 20 metros sobre el mar. El río nace en el Nudo de Paramillo (3.950 m.). Desde la población de Tierra Alta (unos 120 msm) hasta el mar es navegable durante 245 km. Su centro urbano es Montería (250), en sus orillas y a 20 ms de altitud. El departamento de Córdoba, del que es capital, tiene 1 Mhb (*1984) en 25.000 km2, con una elevada densidad de 40.

La parte alta del valle del San Jorge también está bastante cultivada. Son tierras también muy ricas. La parte inferior está cubierta de ciénagas.

Lo que proponemos es una vasta operación de drenaje, mediante el dragado y ahondamiento de los principales cauces fluviales, particularmente el del Magdalena, para facilitar la salida espontánea de las aguas.

Dice *Reclús:* "Entre la desembocadura de los ríos Cauca y San Jorge y el dique de Calamar, primer brazo en que se abre el delta, éste lleva todo su caudal recogido en un solo lecho por espacio de 100 km."

El río se agrupa en un solo cauce, tras el delta interior. Las alturas de 100 ms a un lado y otro se encuentran a una distancia inferior de 25 km.

El Magdalena queda detenido por las estribaciones costeras de los Andes, formando un gran delta interior. Este cruce, aparentemente imperceptible, detiene la salida de las aguas, reduce su velocidad y provoca las inundaciones.

DE la misma forma, el Danubio también forma un delta interior, al ser frenado por las colinas de Dobrudja.

Lo que hacen las colinas costeras no es detener el río, sino frenar su velocidad, provocando un estancamiento de las aguas, un delta interior.

El río Atrato, de 700 km., atraviesa regiones extremadamente lluviosas y su caudal es de 4.88 m3/s. Por su abundante caudal ha sido objeto de proyectos de un canal.

El Magdalena se encuentra en Neiva a una altitud de 472 ms. Hasta Puerto Barrio el declive es pequeño, pero poco navegable resulta a causa de su poco caudal y su estrechez. Sólo a partir de Puerto Wilches, a la altura de Bucaramanga, puede navegarse en toda época con facilidad. Sus crecidas ocurren en abril-mayo y septiembre-noviembre y entonces cubren grandes extensiones. Las tierras del curso bajo son de gran fertilidad.

Mompós se encuentra a 33 ms de altitud. Barrancabermeja, a 111 ms; Girardot, a 326 ms.

Las lluvias, en la parte baja son enormes: 3 ms en Barrancabermeja; 3´8 en Cáceres -a la salida del Cauca a la llanura baja. Pero escasas en la franja litoral. Aunque todavía son más grandes en la vertiente del Pacífico, donde llegan a 10 ms en algún punto, con 7 en Quibdó y 6 en Buenaventura.

El Magdalena, como el Atrato, debe su gran caudal a las lluvias de la parte baja. Esta parte baja es un enorme receptáculo de agua de lluvia que cae allí mismo. Las aguas no caben en los cauces y se desparraman por doquier. Es una región de gran fertilidad natural, donde se depositan los limos del Magdalena, el Cauca, el San Jorge y el César.

<u>Los Llanos de Colombia:</u>

La vertiente del Orinoco tiene 350.000 km2. Tiene casi 6 meses de lluvia, pero la permeabilidad del suelo no permite el predominio de la selva y aparecen vastas extensiones de vegetación herbácea, aparte de bosques galería. Lo importante es que estas tierras no tienen formaciones cuaternarias, aluviones recientes y, por tanto, tienen un valor agrícola escaso.

Sin embargo, lo que importa es el proceso de descomposición del suelo, que adopta formas variadas. Parece que eso depende de muchos factores, pues se mezclan los climáticos con los geológicos. No se pueden establecer reglas fijas y, por tanto, no se puede conocer a priori el valor agrícola de esa región, pero no debe ser grande cuando no se ha puesto en cultivo.

<u>Colombia:</u>

Las aguas se estancan en un territorio por una razón perogrullesca: no tienen salida. Por tanto, una región fértil, si está cubierta de pantanos, puede ser aprovechada si se logra dar salida suficiente a las aguas. El problema es que el Magdalena tenga buena salida, porque desnivel sí que hay.

Mompós, en el centro del delta interior, está a una altitud de 33 metros, a una distancia del mar de 250 km, unos 300 por el río. Habiendo, pues, un cierto desnivel, el problema es dar salida a las aguas abriendo los cauces, ampliándolos. Es decir, construirle al río un estuario artificial, un cauce macho mayor que el actual, que dé por sí mismo salida a las aguas.

Este es un territorio de aluviones recientes, hechos por el

río, extremadamente fértiles. Su extensión está entre los 8 y los 10 millones de hectáreas. Si se plantase de arroz -aquí no hay problemas de temperatura-, se podrían obtener entre 40 y 50 Mtn. Se podría obtener también cosechas sin interrupción, porque las lluvias son muy grandes, aparte de las crecidas de los ríos. En la región llueve mucho, aunque hay una estación seca también.

La posibilidad consiste en eso: hay un desnivel, luego basta con ampliar la salida de las aguas. ¿Qué cosas se deberían hacer?

Ante todo, dar salida a las aguas.

1. Reabrir el antiguo cauce de desembocadura del Magdalena hacia Cartagena, convirtiéndolo en una gran salida.

2. Ampliar y profundizar el actual cauce de los ríos. Es decir, situar a un nivel más bajo.

Ampliar y ahondar los cauces; hacerlos más anchos y profundos. Es una labor de drenaje, en tierras blandas, servidas por el medio de transporte que es el río. Las tierras extraídas de los pantanos, basta con dejarlas en las riberas, para consolidarlas, mediante diques artificiales.

Por otro lado, haría falta contener los ríos a la salida de los valles. Es decir, dar salida a las aguas y contener las avenidas. Esta obra no parece excesivamente costosa. No hay que construir nuevos canales; los cauces de los ríos, ampliándolos, bastan para ello.

PROPUESTA:

"Como es sabido, el gran río Magdalena forma un enorme espacio palustre, cubierto de ciénagas y fértiles aluviones fluviales, al acercarse al mar. Es un delta interior provocado por la presencia de una sierra costera, de poca altitud, pero suficiente para frenas la velocidad del río, causando, de un lado, la inundación y, de otro, el depósito de ricos limos durante un largo periodo geológico. Esta es la región potencialmente aprovechable más extensa de Colombia y tiene más de 10 millones de hectáreas.

La propuesta que me permito presentar consiste en corregir las cusas que motivan la inundación anual, que inutiliza las tierras para el cultivo, facilitando la salida de las aguas y dejando los suelos al descubierto. Para ello sería preciso una operación de drenaje, ahondando y ampliando los cauces actuales. Rebajando el nivel del fondo de los lechos. La villa de Mompós se encuentra a una altura sobre el mar de 30 metros aproximadamente. Hay desnivel suficiente para llevar a cabo esta operación.

Si las aguas de las crecidas de los ríos Magdalena, Cauca, César y San Jorge, y las grandes lluvias que caen en la región, tuvieran una mejor salida, con casi toda probabilidad las regiones encharcadas quedarían secas y listas para el cultivo.

En mi modesta opinión, en el aprovechamiento de este territorio aluvial, extremadamente fértil, está el futuro de Colombia. Su extensión es de entre 8 y 10 millones de hectáreas. Aisladas las tierras de la inundación, mediante una mejor salida de las aguas, se podría obtener una cosecha durante la estación lluviosa. Canalizados los ríos, una vez apartados de la llanura general, sus aguas podrían servir para la irrigación durante la estación seca y la obtención, por tanto, de dos cosechas anuales. Se podría cultivar de forma ininterrumpida, al modo de esta vega mediterránea en que me encuentro.

Colombia, país admirable, necesita una base agraria firme con que atender las creciente necesidades de una población superabundante *(*1984)*. El crecimiento de la población es por sí mismo un bien, pero el ingenio humano debe impedir que se convierta en una tara para los Estados, satisfaciendo generosamente las necesidades que plantea. Si la sugerencia que tengo el gusto de enviarle fuera factible, mucho me alegraría que hubiera sido de utilidad.

Le saluda muy cordialmente.
Juan Sanz Sanz"

Llanuras de Bengala y el Brahmaputra

SINOPSIS:

Si el río Brahmaputra pudiera ser detenido por unos largos diques, de poca altitud, que formasen un estanque de agua que contuviese el caudal anual del gran río (aproximadamente, 300 kilómetros cúbicos), esta agua podría ser utilizada durante la estación en que no llueven los monzones.

Si en dicho estanque se pudiera retener 10.000 metros cúbicos por segundo (300 kilómetros cúbicos anuales), se podría dar un riego de un metro cúbico por metro cuadrado, suficiente para una buena cosecha complementaria, a una extensión de tierras formidable: 300.000 kilómetros cuadrados, 30 millones de hectáreas; es decir, el conjunto de las llanuras bajas de Bengala, Bihar u Uttar Pradesh.

Se trata de una obra considerable -la retención de las aguas y su distribución por la llanura-. Pero los resultados obtenidos tendrían para la Unión India y para Bangladesh un valor excepcional.

Tras años de concienzudos estudios, muchos cálculos y comprobaciones, Juan Sanz Sanz (1943 - 2019), dio a conocer en 1984, por correo, de forma privada y personal, al entonces Primer Ministro de la Unión India, una propuesta que presentó con el siguiente título: IRRIGACIÓN DE LAS LLANURAS DE BENGALA CON AGUAS DEL RIO BRAHMAPUTRA.

Desgraciadamente acaba de fallecer el cultísimo hombre al que muchos no dudarían en calificar de prototipo de persona cercana al Renacimiento dada la gran cantidad de conocimientos que durante toda su existencia procuró agrandar.

El bagaje que le proporcionaba su sabiduría, debida a la profundidad de la inmersión que durante décadas hizo en la Geografía y en la Historia, unidos a la atenta observación de lo mucho que acontecía por aquellos años en todo el Planeta, le dieron entonces al malogrado autor el impulso necesario para pergeñar sus trabajos.

Es bueno recordar de nuevo que hablamos de 1984, entonces, lo mismo que en este Siglo XXI, pesaba mucho en contra suya la palabra, presente siempre en una sociedad en exceso jerarquizada: AUTODIDACTA.

Ahora, se publican por vez primera sus Proyectos Hídricos, éste, sin mover ni una coma del contenido legado por el autor.

<u>Territorio y consideraciones:</u>

El problema de la agricultura india es que necesita mayores rendimientos sobre la misma extensión cultivada. No es el caso de países nuevos, sin colonizar a fondo, en donde es posible poner nuevas extensiones en cultivo. En el caso de la India nos hallamos ante un territorio superpoblado en todas partes, ocupado completamente, en el que cada palmo de tierra que puede cultivarse es aprovechado ávidamente. En la India no es posible cultivar nuevos territorios. El propósito es mejorar el rendimiento de los que se cultivan actualmente. Para ello hay, en teoría, varios caminos. Pero sólo uno es fundamental en todos los casos: la mayor cantidad posible de agua. La India ha de obtener el mayor rendimiento de sus recursos hidráulicos y, con ello, obtener más cosechas y más altos rendimientos en cada una de ellas.

La agricultura india depende de los monzones, de su abundancia y regularidad. A *grosso modo*, es preciso partir del principio de que para aumentar el rendimiento es preciso retener agua de la estación de lluviosa para emplearla en la estación seca. Este principio es sobradamente conocido, pero es preciso que se aplique de forma exhaustiva. El gobierno indio, consciente de ello, está realizando un gran esfuerzo en construir presas por doquier. Pero se trata generalmente de retenciones de agua de carácter local, que afectan generalmente a regiones pequeñas. Es precio afrontar las grandes soluciones, aprovechar al máximo, no los recursos hidráulicos locales, sino los grandes, los que pueden producir transformaciones en una gran región.

El río Brahmaputra lleva un caudal de 1.500 m3 antes de salir del Tíbet. Tiene un curso lento, horizontal, hasta internarse en los desfiladeros. En ese momento tiene una anchura de 550 ms. Se abre paso entre dos picachos, uno de 7.7.50 ms y otro de 7.100 ms, distanciados tan solo 18 kilómetros. Su anchura se reduce a 50 ms. En un trayecto de 42 kilómetros desciende 059 metros, por medio de saltos, ninguno vertical. En un trayecto de 200 kilómetros, entre Pe y Kapu, desciende de los 2.950 metros a los 695, o sea, 2.2.55 metros. Esta podría ser una de las grandes estaciones de energía eléctrica del Mundo.

Este gran río puede ser cerrado en algún punto, puesto que va lamiendo las montañas del Assam uy algunas colinas avanzan del Himalaya hacia él, en especial en la región de Goalpara. Frente a esta villa observamos una línea de colinas de más de 200 metros de altura, que se acerca al Himalaya. Aun así, a través del río, hay una distancia de bastantes kilómetros. Sin embargo, no sería preciso un gran embalse en altitud, sino en extensión. Lo importante es retener las aguas del río, formando un gran lago, muy extenso, no demasiado profundo, de 10 o 20 metros a lo sumo. Para ello sería preciso un tipo de embalse diferente, de dique largo.

No olvidemos que la presa de Asuán, que ya es vieja, de casi veinte años, tiene 3 kilómetros de longitud y 110 metros de altura. Para retener las aguas del Brahmaputra, con sus 130.000 m3/s, bastarían un desnivel de un par de docenas de metros y sería posible a base de un dique de tierra impermeable.

La presa de New Cornellia Tallings, terminada en 1973, tiene un volumen de 209 millones de metros cúbicos. Si este dique sobre el Brahmaputra tuviera una altura de 20 metros, una longitud de 20 kilómetros, y una anchura de 500 metros -es sólo por hacernos una idea-, el resultado sería idéntico al de la presa anterior: 200 Mm3. En la época anterior, el dique de Fort Peck fue el más grande, terminado en 1940, con un volumen de 96 Mm3, y este se encuentra sobre el Missouri. Intermedio entre ambos hallamos el de Tarbella, en el Pakistán, con 146 Mm3.

En un embalse tan grande, las pérdidas por evaporación serían considerables, pero poca cosa en relación con el enorme volumen de agua del río, puesto que en él se habría de formar un estanque para

300 o 400 km3, reteniendo el agua de todo el año. Este punto de Goalpara, si el mapa no miente, parece un sitio apropiado. Recoge prácticamente la totalidad de las lluvias y está casi a la entrada en Bengala, pero en territorio de la Unión India.

PROPUESTA:

"Diciembre 1984.

Estimado Señor Primer Ministro.

Tengo el placer de dirigirme a Usted para someter a la consideración del Gobierno de

Bharat una propuesta relativa al aprovechamiento de las aguas del río Brahmaputra en la irrigación de las llanuras de Bengala.

Como es sabido, el río Brahmaputra lleva un gran caudal (12.000 metros cúbicos por segundo) y si fuera posible retener sus aguas antes de entrar en la llanura de Bengala, podría dar un riego durante la estación seca a un territorio muy extenso.

Desde la lejana España me es imposible conocer detalladamente el terreno, pero la observación de un mapa a escala 1/2.500.000 se desprende que el valle se estrecha en el punto en que su curso gura hacia el Sur buscando el Bangal Ki Khadi. Este punto se encuentra frente a las ciudades de Goalpara y Jogighopa, donde unas colinas cruzan gran parte de la llanura de Norte a Sur, acercándose al Himalaya.

Esta la es sugerencia que me permito presentar al Gobierno que Usted preside. Si el río Brahmaputra pudiera ser detenido por unos largos diques, de poca altitud, que formasen un estanque de agua que contuviese el caudal anual del gran río (aproximadamente, 300 kilómetros cúbicos), esta agua podría ser utilizada durante la estación en que no llueven los monzones.

Si en dicho estanque se pudiera retener 10.000 metros cúbicos por segundo (300 kilómetros cúbicos anuales), se podría dar un riego de un metro cúbico por metro cuadrado, suficiente para una buena cosecha complementaria, a una extensión de tierras formidable: 300.000 kilómetros cuadrados, 30 millones de hectáreas; es decir, el conjunto de las llanuras bajas de Bengala, Bihar u Uttar Pradesh.

Se trata de una obra considerable -la retención de las

aguas y su distribución por la llanura-. Pero los resultados obtenidos tendrían para la Unión India y para Bangladesh un valor excepcional.

También soy consciente del problema político que esta sugerencia plantea, al tener que anegar las aguas del Brahmaputra una considerable extensión poblada por asameses y bengalíes, dado el sutil y exquisito equilibrio que es preciso mantener entre los Estados de la Unión. Pero si la retención de las aguas del Brahmaputra fuera posible por el medio que sugiero, ello reportaría un beneficio general al pueblo hindú y, tal vez, se lograra enjugar gran parte del déficit alimentario y hacer frente, de esa manera, a las demandas que plantea un crecimiento de la población tan acentuado.

Con la esperanza de que las ideas expuestas correspondan a la realidad, le deseo los mejores éxitos en su gestión política y le envío un cordial saludo.

Juan Sanz Sanz."

El posible sistema Mar Caspio Rio Volga Mar Negro

1985

SINOPSIS:

Lo que proponemos consiste en mantener el actual nivel del Caspio, no mediante las aguas del Volga, sino con las del mar. Para ello, hay que poner en comunicación El Negro y el Caspio, abriendo un canal por el istmo de Manich, de 700 km.

Entonces las aguas del Volga, en lugar de utilizarse para crear el Caspio, se podrían emplear para el riego de las grandes regiones aluviales, bajo el nivel de los mares, pero encima de las costas del Caspio. Las aguas del gran río podrían ser distribuidas a derecha e izquierda, dando un riego a una región de 20 millones de hectáreas, 200.000 km2.

Al mismo tiempo, el canal que uniría ambos mares no sólo serviría para substituir al Volga en su misión de mantener el Caspio, sino que haría el papel de canal de navegación, ya que el desnivel entre el Negro y el Caspio es de 30 metros, que en 700 km tienen una bajada media de 0,042 metros/km, es decir, 0,42 metros cada 10 kilómetros. Aproximadamente, un metro cada 23 km. El desnivel permite perfectamente la existencia de un canal de navegación sin exclusas de ninguna clase.

Territorio y consideraciones:

Se me permitirá que exponga algunos hechos generales, no por conocidos menos necesarios.

El río Volga es el principal tributario del Mar Caspio y contribuye decisivamente a mantener el nivel de este mar interior, sometido a una fuerte evaporación. El Volga es necesario para que el Caspio no desaparezca p quede reducido a algunos lagos en su parte meridional.

Pero las aguas del Volga serían aprovechables para irrigar la gran llanura que bordea el Mar Caspio por el Norte, región aluvial, árida y deshabitada.

La solución que proponemos consiste en substituir el río Volga en la función de mantener la existencia del Mar Caspio por un canal que una el Mar de Azof y, por tanto, el sistema general de los mares del Mundo, con el Caspio, a lo largo de la depresión de Manich. Con ello, las aguas del Volga quedarían libres para una segunda y mucho más útil función: irrigar las tierras que domina con su cauce en las riberas septentrionales del Mar Caspio.

La distancia entre ambos mares es de aproximadamente 700 kilómetros y el desnivel que hay que salvar, de 30 metros, más o menos, lo que da un resultado de 0,04 metros/kilómetro, es decir, 1 metro/23 kilómetros. Un desnivel imperceptible, que convertiría este canal en una vía acuática sin exclusas, en un canal marino. A través de él, entraría en el Caspio la misma cantidad de agua que ahora le proporciona el Volga.

De tal forma se obtendrían dos beneficios: disponer de las aguas del Volga para la irrigación de las llanuras limítrofes a su desembocadura y poner en comunicación directa el Mar Caspio con el sistema general de los mares.

El canal a lo largo de la depresión de Manich habría de atravesar suelos aluviales y planos y el desnivel que tendría que salvar es muy pequeño. Las obras consisten en abrir una gran zanja, una enorme brecha, con la única condición de mantener el desnivel apuntado más arriba de un metro cada 23 kilómetros. Sería fácil dar a este canal la profundidad suficiente para que pudieran circular por él los grandes buques marinos de toda especie.

Con las altas temperaturas estivales de Asia Central serían posibles cultivos irrigados de ciclo breve, a partir de las aguas del Volga, en un territorio aluvial de 20 millones de hectáreas, capaz de producir ingentes cantidades de alimentos y resolver definitivamente el problema que la Unión Soviética tiene en este momento.

La obra es colosal, pero la ingeniería soviética puede realizarla. Son los resultados lo que importan y en función de ellos hay que medir el esfuerzo. La brecha a lo largo de la depresión de Manich es posible y con ella el aprovechamiento de las aguas del mayor río europeo para dotar al Estado soviético de una sólida base alimentaria.

<u>Masas de agua</u>:

El caudal del Volga es de unos 7.000 m3/s. Es el más largo y caudaloso río del continente europeo, junto con el Danubio. Su longitud es de 3.400 km. Aporta al Caspio un caudal anual de 220 km3

El Caspio es, con mucho, el lago mayor del mundo, con 436.000 km2. Su nivel está a 30 ms por bajo del general de los mares.

El Volga es el principal tributario del Caspio, pero hay otros ríos: Terek, Kura, Kizil Ozen, Atrek, Ural.

La evaporación en el Caspio de 1 metro anual representa una pérdida de 330 km3. El Volga aporta 220 y el resto los 110 que faltan y parece que hay un equilibrio entre lo que el Caspio recibe de sus tributarios y lo que pierde por evaporación. Evidentemente, lo hay, ya que, de otra forma, su nivel se modificaría rápidamente y la extensión que ocupa cariaría mucho en pocos años.

Las 2/3 partes de la aportación de agua que recibe este mar procede del Volga, que se convierte en imprescindible para que aquél exista. Las aguas del Volga no son utilizables para la agricultura, ya que son necesarias para mantener la existencia del mar interior.

Lo que proponemos consiste en mantener el actual nivel del Caspio, no mediante las aguas del Volga, sino con las del mar. Para ello, hay que poner en comunicación El Negro y el Caspio, abriendo un canal por el istmo de Manich, de 700 km.

Entonces las aguas del Volga, en lugar de utilizarse para crear el Caspio, se podrían emplear para el riego de las grandes regiones aluviales, bajo el nivel de los mares, pero encima de las costas del Caspio. Las aguas del gran río podrían ser distribuidas a derecha e izquierda, dando un riego a una región de 20 millones de hectáreas, 200.000 km2.

Al mismo tiempo, el canal que uniría ambos mares no sólo serviría para substituir al Volga en su misión de mantener el Caspio, sino que haría el papel de canal de navegación, ya que el desnivel entre el Negro y el Caspio es de 30 metros, que en 700 km tienen una bajada media de 0,042 metros/km, es decir, 0,42 metros cada 10 kilómetros. Aproximadamente, un metro cada 23 km. El desnivel permite perfectamente la existencia de un canal de navegación sin exclusas de ninguna clase.

El resultado de ello sería, por un lado, el cultivo de 20 millones de hectáreas en las márgenes del Caspio. Por otro, la comunicación directa entre este mar, sin el dispositivo Volga-Don, con el sistema general de los mares del mundo.

La única cuestión es el clima de esos territorios. La temperatura media en enero es de -8 y la de julio de 20 a 24 grados, Se trata de un territorio de condiciones parecidas a la de la Gran Llanura China. Es probable que el verano sea más corto y la posibilidad de utilizar el riego menor. En cualquier caso, las temperaturas estivales son más elevadas que las de Europa occidental y completamente áridas.

En definitiva: si el riego es posible en este territorio, el dispositivo, aunque muy costoso, una vez establecido produciría beneficios extraordinarios. Por ejemplo, sembrado de arroz, a 5 Tm/ha, podrían obtenerse 100 Mtn de este cereal con los riegos del Volga.

El canal de la depresión de Manich sólo habría de ser una amplia zanja de tierra -ya que va siempre del nivel del mar para abajo-, con ese desnivel constante de 0.042 metros/km.

Propuesta:

"Junio 1985.

Excelentísimo Señor:

Me he permitido dirigirme a Usted para someter a la consideración del Gobierno de la Unión de Repúblicas Socialistas Soviéticas la propuesta adjunta, relativa al aprovechamiento del sistema Mar Caspio-Rio Volga-Mar Negro, por si es de utilidad.

Si los supuestos contenidos en dicha propuesta correspondieran a la realidad y su ejecución fuera posible, podría ponerse en cultivo un territorio de 20 millones de hectáreas, capaz de producir, por ejemplo, 60 millones de toneladas de maíz o 100 millones de toneladas de arroz.

Con la esperanza de que sean factibles estas sugerencias, le deseo los mejores éxitos en su gestión política y le envío un cordial saludo.

Juan Sanz Sanz"

Ideas para un Proyecto de Mejora de la Agricultura China

1984

SINOPSIS:

Al contenerse las inundaciones de primavera del Yangzi, muchas tierras anegadas, lacustres, quedarían al descubierto, listas para el cultivo, con lo que el territorio que se debería anegar en el valle del Han sería compensado con creces.

Si fuera posible llevar las aguas del Yangzi a la Gran Llanura, se podría ayudar a la cosecha de primavera, mediante riegos en las épocas de la siembra y la recolección, y se mejoraría y aseguraría la cosecha durante las lluvias monzónicas. Con esto, la casi totalidad de la Gran Llanura, de 35 millones de hectáreas, proporcionaría dos cosechas y un considerable aumento de los rendimientos por hectárea. Dejaría de depender del capricho de las lluvias.

Además, al regularizarse el Yangzi con el embalse, el valle inferior del gran río recibiría mucha menos agua y grandes extensiones lacustres y pantanosas podría cultivarse.

Soy consciente de que el proyecto es de dimensiones colosales y exige un enorme esfuerzo humano y económico. Es posible que existan otros medios de aumentar en cantidad suficiente los rendimientos del campo chino. Lo que sí creo es que, si este proyecto fuera factible y pudiera llevarse a la práctica, el gigantesco Estado tendría asegurada una base agraria muy firme.

Territorio, poblamiento y consideraciones:

De lo que se trata en la China es de aumentar la productividad de su agricultura. Se han realizado una serie de mejoras agronómicas: abonos, selección de se millas: es decir, adaptación a lo que se llama la agricultura científica. Con esto se ha logrado en 30 años *(*1984)* duplicar la producción. Pero la población ha crecido al mismo ritmo. El problema es este. Es necesario llevar a cabo una transformación radical de la agricultura china para terminar con este círculo vicioso. A su vez, es preciso terminar con el crecimiento rápido de la población, no a base de restricciones fisiológicas, sino por un cambio en la situación material. Este aumento de la producción agrícola, que asegura el mantenimiento alimentario y unos excedentes de materias primas industriales que comercializar, sólo puede venir de la generalización de los riegos, ya que con los medios actuales se ha llegado al límite de lo beneficiable. No se puede aumentar la producción por aquel camino. Es preciso emprender otro nuevo.

Por esta razón, el problema de las comunicaciones del Sechuan a través del río, con el mundo exterior, es una cuestión ficticia. Sin la regularización del Yangtse, no es posible desarrollar los riegos y aumentar la productividad de la agricultura china hasta un grado superlativo. El problema del Sechuan no es muy diferente del que tiene el Chensi, también muy poblado y muy lejos del mar, sin que el río le sirva de vía de acceso, ya que el Amarillo no es navegable. Todas las comunicaciones del Chensi, se han de hacer por tierra. El Sechuan tiene un río navegable. Pero por este factor la transformación agronómica de China no va a detenerse. Después de todo, de Chungking a Shangai hay la misma distancia que de Chicago a Nueva York. Cuando una región interior muy productiva se encuentra lejos de la costa, si tiene un sistema fluvial de transporte, sin duda esto es lo mejor, pero también pueden ser competitivos y rentables sus productos si el transporte se realiza por ferrocarril y carretera. Las diferencias no son tan grandes. El problema del Sechuan es que necesita una buena red ferroviaria de salida al mar. Además, en varias direcciones: 1, hasta Sangay, descendiendo el valle; 2, hacia Canton y el golfo de Tonkin; 3, hacia Pekin, que es la única que tiene hoy día *(*1984)*.

La red ferroviaria china tiene 50.000 km2, mientras que la de India, 60.700; Bengala, 3.000 y Pakistán, 8.800 *(*1984)*.

Es preciso contener las aguas del Yangtse durante la estación lluviosa para la estación seca. Para ello, es preciso buscarle al Sechuan otro sistema de comunicación. Si las aguas del gran río son contenidas, se obtendrían estos resultados: 1, evitar las inundaciones de las llanuras bajas; 2, disponer de agua para una segunda cosecha; 3, compensar la irregularidad de las lluvias; 4, disponer de una gran fuente de energía eléctrica. Son las transformaciones que ya apuntábamos respecto a otros países, concretamente a los del Mekong. Es preciso hacer esto porque, al precio de dejar al Sechuan sin sus comunicaciones fluviales -sustituyéndolas por otras terrestres- se puede conseguir que la China resuelva definitivamente sus problemas alimentarios. Creo que la elección es sencilla. No hay ventaja sin inconveniente, no hay bien que por mal no venga. Pero, no va a verse aquel subcontinente abocado a una situación desesperada por no sacrificar la pequeña ventaja fluvial que tiene el Sechuan.

La China Propia tiene una extensión de 3,5 Mkm2. El resto, hasta 9,6 Mkm2, son las regiones periféricas: Manchuria, Mongolia, Sinkiang y Tíbet. Manchuria tiene una extensión de 1,3 Mkm2; Mongolia, 2,7; Sinkiang, 1,7 y Tíbet, 3 millones aproximadamente.

El mayor problema que tiene este proyecto son las heladas en la China del Norte. Desde Pekin, en que la mitad del año tiene heladas, hasta Shangai, con tres meses de heladas, nos presenta un serio problema, pues los fríos son siempre un inconveniente.

La China baja está abierta a los vientos glaciales, en tanto que el Sechuan, protegido por la muralla de los Tsinling, tiene temperaturas mucho más templadas en invierno, un clima mediterráneo. Sólo la costa meridional, a partir del canal Formosa, tiene un clima semejante.

Entre Nankin y Beijing se extiende una cubeta sedimentaria en escudo arcaico. Esta es la región que se debería intentar irrigar.

Esta región tiene en invierno una temperatura semejante a Europa central. Por eso, los beneficios de la irrigación se verían bastante limitados, ya que la irrigación en invierno no es conveniente.

El cambio, en verano tiene un clima realmente cálido, semejante al de los desiertos. Durante 6 meses en el Norte y 9 meses en el Sur, la agricultura por irrigación no es posible. Este es el primer dato a tener en cuenta.

China recibe en todas partes agua suficiente para que sea posible la agricultura de secano. El país propiamente dicho no se extiende más allá de las regiones lluviosas. La línea de 400 mm de lluvia media es seguida por la Gran Muralla.

El verano es la estación lluviosa. La coincidencia de calor y lluvias permite la expansión hacia el N de cultivos tropicales.

El Pekin apenas llueve de octubre a abril.

En China central no hay ningún mes realmente seco, por las lluvias invernales que produce el frente polar. En cambio, en la China meridional, la estación seca es más que acusada y llueve poco de noviembre a febrero.

La irregularidad de las lluvias es notable. En Hong Kong, con una media de 2,1 m se han conocido mínimas de 1,1 y máximas de 3,1.

En Pekin las irregularidades son mayores. En un promedio de 65 años anteriores a 1935, con una media absoluta de 624 mm, se han contado 4 años con más de 1 m, y otros tantos con menos de 300mm. Las lluvias de junio son vitales para los cereales, con una media registrada de 85 mm, pero en ese periodo, 26 junios han recibido menos de 50 mm y 5 de ellos, menos de 10 mm. El mes de julio, más lluvioso, también tiene grandes contrastes. Por eso la

China septentrional se ve sacudida frecuentemente por hambres y sequías *(*1984)*.

Con este clima estival, los cultivos son los mismos desde Manchuria al Tonkin. Que el arroz no predomina en la gran llanura no es debido a la temperatura, sino a la falta de lluvias y a la permeabilidad de los suelos.

Los campos cultivados ocupan el 27 % de la extensión de la China propia (menos de la tercera parte). Tal vez en los últimos años ase haya logrado ampliar el territorio cultivable.

En Chensi y Chansi, el área cultivada comprende el 22 %.

En la llanura del Norte y en el Shantung la extensión cultivada es del

68 %.

En el valle del Yangtse, aguas debajo de Ichang, la densidad media es extremadamente elevada.

En el Sechuan se cultiva 1/3 del total, con densidades por espacio cultivado todavía mayores.

Finalmente, en la costa meridional sólo se cultiva el 18 %, pero la densidad es la más alta.

En la China del Sur sólo se cultiva del 7 al 10 % del total.

Al Sur del Ngan Hoei, el arroz pasa a ser el cultivo principal: rendimientos dobles o triples de los que producen los restantes cereales, y más regulares. El clima permite obtener dos cosechas anuales. La mitad de las tierras chinas permiten dos cultivos anuales y este promedio es ampliamente superado en la parte meridional.

Un proyecto complementario sería la utilización de las aguas del Amarillo. Podría hacerse desviando el río desde Lanchou hacia el valle del Wei e irrigar, de esta manera, el Chensi. Según parece, el río lleva más agua en este sitio, que se encuentra a la salida de las montañas, que en la desembocadura a la Gran Llanura. El agua se evapora en su largo arco a través del desierto. Si esta agua, mediante un canal, pasara a la vecina cuenca del Wei podría ser aprovechada con mayor facilidad.

Según ciertas observaciones, el Amarillo tendría 1.500 m3 en el curso inferior, frente a 3.000 m3 en Lancheu. Hace falta ver porqué el Amarillo tiene tanto caudal en sus fuentes, ya que esta región no parece demasiado lluviosa.

La explotación forestal apenas existe. Los chinos talaron los bosques en tiempos pasados para obtener leña (ignoro si en los últimos decenios se ha rectificado esta situación. Tampoco aprovechan sus montañas mediante el pastoreo.

La llanura de Chengtu, la mejor irrigada de China, alimenta a 1.000 hb/km2 *(*1984)*. Densidades iguales se encuentran a lo largo del Yangtse. Las mayores densidades de población corresponden a la llanura costera de este río; en una extensión de 80.000 km2 por lo menos, la densidad rebasa los 550 y en muchas comarcas los 1.000, sobre todo en la isla de Chongming, en el estuario. Las pequeñas llanuras litorales de la costa meridional también se encuentran extremadamente pobladas, igual que el delta de Canton.

El arroz es la principal producción alimentaria, con 148 Mtn en 1981, 135 en 1978, 85 Mtn en 1961. Un ritmo creciente.

Trigo, 57 Mtn en 1981, 44 en 1978 y 31 en 1961. También ha crecido.

En la región central, se cultiva el trigo de invierno, que se cosecha a fines de primavera y deja paso l cultivo de arroz. Se cultiva trigo de invierno en las llanuras septentrionales y trigo de primavera en las llanuras del Chansi y el Chensi. Los rendimientos eran hace 20 años de 900 kg por hectárea, frente a 2.500 del arroz.

El mijo es más resistente a la sequía y produce rendimientos superiores a los del trigo del Noroeste.

El kaoliang o zahína se cultiva en la Gran Llanura y Manchuria.

El maíz se cultiva en todas partes.

La cebada, en las regiones de clima seco.

La batata se cultiva en todas partes, con unos rendimientos de 8 a 9 tn/ha. En el N, demasiado frío, cede lugar a la patata. China es el productor mundial, con 117 Mtn en 1978. Sólo en las regiones más pobres la patata es el alimento principal.

Con todos estos cereales se elaboran gachas, que son la comida común de la población china.

A esto se añaden verduras: coles, hojas de batatas. Las grasas se obtienen de las semillas de soja, algodón, mostaza. Las hojas de soja figuran en todas las comidas.

Un primer hecho que salta a la vista es que la tierra china está empleada casi completamente a alimentar la población. La agricultura china dispone de una cantidad mínima de productos para la exportación. Casi todos sus recursos son necesarios para la subsistencia.

Las aves, los huevos, la carne, el pescado aparecen raramente en la mesa a pesar de que su cabaña es, numéricamente, excepcional.

La falta de información concreta que sufrimos en Occidente sobre este país impide pisar con pie firme sobre estos problemas y hay que hace el estudio a partir de los datos de que se dispone, desde el punto de vista de un occidental.

Sobre todo, lo que en presente estudio se trata de precisar es el efecto que produciría sobre la agricultura china, tal y como es hoy, una obra hidráulica semejante, que significaría la irrigación de la mayor parte de la Gran Llanura.

Los chinos utilizan poco la ayuda de los animales en la labor. En el Norte trabajan bueyes, asnos o mulos; en el Sur bueyes y búfalos.

Los últimos datos sobre la ganadería china *(*1984)*:

Bovinos, 64 M, 1/20 personas.

Cabras, 82 M, 1/14 personas.

Ovejas, 105 M, 1/10 personas.

Cerdos, 310 M, 1/3,5 personas.

Caballos, 7 M, 1/157 personas.

Asnos, 12 M, 1/90 personas.

Vemos que las cantidades son altas, pero las proporciones, muy bajas. Faltan estadísticas de búfalos. El número de animales de trabajo es muy escaso en relación con la población. Por eso casi todo el trabajo se hace a mano.

Cuatro grandes ríos nacen en el Tíbet oriental: Seluan, Mekong, Yangtse y Huangho. Por el fondo de los valles del Bramaputra y del Iravadi penetran los monzones. Da la impresión de que los vientos lluviosos que penetran por estos valles bajos siguen su curso hacia el Norte por los valles de los ríos tibetanos. Es algo que no veo explicado. El río Iravadi, por ejemplo. Nace en montañas muy lluviosas y cubiertas de nieve, pero no excesivamente elevadas. La gran cadena himalaya ha terminado; los valles de los ríos enfocan directamente hacia esa corriente de vientos húmedos.

Es evidente que el crecimiento de la producción agraria china se debe más que a una expansión de la extensión de los cultivos, a una modernización de las técnicas agrarias. Con esto se ha conseguido casi duplicar en veinte años la producción de arroz, pero la población también ha crecido vertiginosamente. Los rendimientos de hace 20 años eran muy bajos: 1 tn/ha de trigo o zahína; 2,5 de arroz. Esta mejora en la cantidad se deberá a la generalización de las semillas seleccionadas y la introducción de abonos en gran cantidad. Es casi seguro que la modernización de la agricultura china se ha llevado a cabo casi hasta el final. En ese sentido, se halla en un punto crítico pues, al progreso que significó en su día la redistribución de la propiedad, arrancada a los latifundios y cultivada de forma comunitaria, con lo que se mejoraron mucho las producciones, ha seguido la introducción o generalización de la agricultura moderna, que ha sido un muy importante segundo paso. Ahora hace falta dar el tercero: la generalización de los regadíos, el aprovechamiento máximo de los recursos hidráulicos. Es una carrera contra el tiempo, contra el crecimiento de la población. Por eso no es posible detenerse; hay que dar el tercer paso.

La Gran Llanura.

Es una cuenca de hundimiento ocupada antiguamente por el mar, ha sido colmatada por los ríos. Son llanuras muy bajas, próximas al nivel del mar, muy húmedas. Los ríos divagan entre pantanos y antiguos lechos abandonados; cambian con frecuencia de curso y desembocan en litorales fangosos que avanzan con rapidez sobre el mar, en costas bajas, desierta e inhóspitas. El suelo es generalmente muy rico. El gran temor de los campesinos es la inundación, la superabundancia de agua, que rompe los diques y destruye los campos.

La provincia de Hopeh es, en realidad, la cuenca del río Peh, que recoge las aguas de un vasto frente montañoso desde el SE del Chansi a las regiones al Este de Pekin. Todas las aguas de la parte septentrional vierten juntas por Tientsin, en vez de dirigirse al Amarillo. Los ríos de las montañas del Chansi vierten al Norte en vez de dirigirse al Amarillo, que está mucho más cerca, debido a que la región del fondo del Amarillo, el Po Hai, es más baja que las riberas del gran río. Estos ríos tienen un régimen torrencial y convergen en los alrededores de Pekin. Como la salida de todas estas aguas es tan angosta, durante las crecidas el agua remonta los cursos fluviales y destruye los diques y la cosechas.

La navegación es muy penosa en estos ríos sin pendiente, tortuosos y destruidos por el fango. La entrada del Peh o Bey (nombre según la nueva ortografía) está obstruida por una barra y los buques medianos han de anclar a varios kilómetros de la costa. La desembocadura avanza 100 metros al año. El Peh está cubierto de hielo de fines de noviembre a primeros de marzo. La costa es tan plana que no se la puede ver desde el punto en que los barcos echan el ancla. No todo es limo amarillo; hay landas arenosas que cuesta mucho fertilizar. La tierra, actualmente, más que cultivada, está convertida en un jardín. Predomina el kaoliang, el algodón y el maíz; poco trigo y arroz. Infinidad de aldeas, rodeadas de sauces y álamos.

La salida del Huang de las montañas resulta bastante dificultosa. El río ha tenido que abrirse un angosto paso, que dificulta la navegación, entre acantilados de loes cuyos desprendimientos obstruyen la corriente, a pesar de su rapidez. Los escasos lugares en que el río puede ser cruzado tiene una gran importancia en la historia china; así, el desfiladero de Tungkuan y el vado de Mongtsin (frente a Lo Yang). Aquí se reunían los caminos que unían las dos mitades de la Gran Llanura.

El río desembocaba, a mediados del milenio III, por brazos, hacia el Hopeh, en parte siguiendo el curso del Wei, y desembocaba en el mar al Ese de Pekin. La potencia de los ríos montañeses obligó al Huang a dirigirse cada vez más al Este.

Se calcula que el Huang arrastra al año 500 Mm3 de aluviones, frente a 212 del Misisipi. Despúes de una inundación, se ha visto aldeas enterradas bajo 3 metros de aluviones. Cuando a cada crecida las aguas se desparramaban libremente, el limo depositado levantaba el nivel del suelo. Cuando el cauce fue aprisionado entre diques, el lecho se elevó por encima de las tierras. Hacia la bifurcación del antiguo y el nuevo lecho, al Este de Kaifeng, el fondo del cauce se eleva a 5 metros por encima de las tierras cultivables. Ya podemos comprender el peligro que representa semejante corriente, cuyas crecidas llegan a 20.000 y 30.000 m3 periódicamente. Estas inundaciones cubren la llanura de arenas estériles. Si una brecha se consolida, el río toma un nuevo curso. El lecho es demasiado estrecho y elevado y debería ser suprimido.

Al Sur del Amarillo se extiende una región plana, de ríos divagantes, pantanos y torbellinos de polvo. Las aguas de la parte meridional de la llanura vierten hacia el Huai, río de grandes inundaciones, que desemboca en un gran lago, al Oeste del Gran Canal. Enormes pólderes se extienden hacia el mar, que alguna ocasión han cedido, inundándose.

Incluso hacia el Norte, las aldeas se refugian sobre oteros o rodeadas de diques. A pesar de sus vías navegables y sus tierras arcillosas, el país meridional da impresión de pobreza. Hacia el Haui está bastante despoblado.

<u>El Yangtse.</u>

La Cuenca Roja de Sechuan debe este nombre al color ojo intenso de areniscas mezcladas con arcillas, de un grosos de 1.000 ms en la parte septentrional y mayor en el centro. Esta formación se extendía sobre gran parte de la China meridional, pero apenas se conserva más que aquí, al estar más resguardada de la erosión. No es una llanura, sino una penillanura circular de 200 km de radio y una extensión aproximada de 150.000 km2. Sólo hay una verdadera llanura, la de Chengtu, de 6.200 km2. El resto es una sucesión de colinas y serrezuelas que se elevan alrededor de 700 ms por encima de los lechos de los ríos. Donde hay areniscas, apenas crece más que el pino; donde arcillas, los cultivos son feraces. En verano, todas las depresiones y llanuras que pueden regarse están cubiertas de arrozales. Las lluvias se producen en verano. En invierno el ambiente es brumoso, con raras heladas y más tibio que el de la China costera. La temperatura raramente desciende por bajo de los -3. Hay una estación seca, el invierno, aunque muy brumosa.

El Yangtse y el Min -río de Chengtu- confluyen en Ipin y aquí el Min es mucho más ancho. El Min recoge las grandes lluvias y nieves de los Alpes de Sechuan. Chungking se encuentra en la confluencia del Jialig, río que procede de los Tsinling y cuyo valle alto es el camino hacia el Chensi.

Chungking se encuentra aproximadamente a 200 metros sobre el nivel del mar e Ichang a 4 msm. Entre estas dos ciudades hay unos 800 km y se cuentan casi un centenar de rápidos. El río se estrecha a veces menos de 100 metros; las profundidades del cauce llegan a 130 metros, formándose peligrosos remolinos. A su vez, los afluentes vierten en el río masas enormes de detritos o se producen desprendimientos de tierras en los verticales taludes.

De Ichang al mar hay todavía 1.700 km y el lecho está a tan sólo 40 metros sobre el nivel del mar. Poco más abajo, a partir de Shashi, está contenido por diques; de no tenerlos, invadiría en verano más de 100 km a ambos márgenes.

Al salir de las montañas, tiene una anchura de 800 ms; en la confluencia con el Han tiene 2 km. El curso divaga por innumerables meandros, entre los murallones de los diques, que apenas dejan ver la llanura. Las inundaciones fertilizan cada año los campos. Cada ocho o diez años se producen grandes crecidas, que transforman el valle en un mar interior, a pesar de los diques. Parece ser que el Yangtse discurría en otras edades por una serie de lagos escalonados; el mayor, el de arriba, en las llanuras de Hupe-Huaan; otro en las de Kiangsi; finalmente, otro en las cercanías de Nankin. Subsisten grandes lagos, que acompañan el curso del río. Las depresiones lacustres fueron colmatadas en parte por sedimentos fluviales. El lago Tungting tiene en verano 120 x 80 kilómetros y es entonces un mar de oleaje temible. En invierno llega a desecarse casi completamente y a través de él conservan su curso los ríos del Hunan. La gran crecida del Yangtse llena la depresión hasta una altura de 12 metros.

Otro gran lago es el Poyang, a la salida de los ríos del Kiangsi, también en la ribera meridional del Yangtse. Cuando se produce la crecida, pesados juncos pasan por encima de los puentes que hay sobre los canales de la estación seca. La orilla se desplaza a 30 y 50 km de su orilla invernal. Sin embargo, el Poyang no queda nunca completamente seco, debido a que está separado del Yangtse por una sierra que bordea el río, llegando a tener la salida del lago 780 ms entre acantilaos. Se trata de una cuenca de hundimiento. Este lago recibe todas las aguas de la provincia de Kiangsi y es evidente que debería ser eliminado, pues ocupa tierras muy fértiles.

El mejor paso para el canal superior sería: Ichang, a la salida de los desfiladeros: o, mejor, el vecino puerto de Shashi. Luego, remontar el valle del

Han hasta Xianjian. Luego, remontar el valle del Tang, que confluye en este punto, hasta el puerto de Nanyang, donde la altitud apenas supera los 300 metros. Así se entraría en la Gran Llanura. El río

Amarillo se encuentra a menos de 200 kilómetros.

En estas llanuras bajas, el humus y el limo aportado por las crecidas suplen al abono. Cuando las aguas se retiran, se siembran habichuelas, cereales y, en tierras más altas, algodón.

Mejor que el paso anteriormente indicado, sería otro más al Este, el problema en un caso así es abrir un canal suficientemente amplio, de varios kilómetros de anchura y la suficiente profundidad para mantener un caudal constante, siempre al mismo nivel. Se trata de una obra colosal, pero no imposible. El canal debería atacar las colinas en las cercanías de Wuhan, al N de la gran ciudad. El segundo canal podría seguir el curso aproximado del Gran Canal, pero sirviendo de drenaje a la llanura, ya que ahora es una de las causas de su empantanamiento.

El proyecto consiste básicamente en aprovechar para el

riego de la Gran Llanura las aguas del caudaloso Yangtse o Changjian, 600.000 km2, 60 millones de hectáreas. Este es el propósito, Es una extensión enorme. El mayor inconveniente es que la llanura es fría en invierno. Aun así, se puede obtener dos cosechas, una en primavera y otra en verano.

En las crecidas, la acción de las lluvias estivales se combina con la fusión de las nieves. En Chungking las aguas descienden en marzo a 0,20 ms, en tanto que llegan en julio y agosto a 22 metros. Esto en el curso alto.

En Ichan las aguas suben como máximo 13 metros; en Wuhan, igual; en Wuhu, 8 metros. El río se extiende por la llanura. Hay una primera crecida en abril, por la fusión de las nieves y el nivel del río se eleva 3 o 4 metros. El resto de la crecida se debe a los monzones.

Es navegable hasta Ipin, a 2.850 kilómetros del mar. Los ríos del

Sechuan también son navegables, aunque su estiaje es acusado. En los desfiladeros, la crecida sube y baja bruscamente, según vayan llegando los caudales de las lluvias; no es una crecida constante. Con frecuencia alcanza entre 18 y 30 metros en una noche, llegando a 45 metros sobre las aguas mínimas. La velocidad de la corriente es extraordinaria y por esta causa la navegación estaba suspendida desde julio a septiembre. Los juncos tardaban un mes en ir de Ichang a Chungking; de cada 10 embarcaciones, una naufragaba o tenía grandes averías. Cada raudal ha de ser remontado con sirgas. En Ichang estaban matriculados 13.000 juncos. Hasta 1914 la navegación a vapor no se regularizó; así pudieron utilizarse buques de 1.000 en verano y de 500 en invierno. Los mayores juncos desplazaban 130 tn. Los vapores empleaban 6 días para la subida y 2 para la bajada. Pueden circular 6 meses, de fines de marzo a fines de noviembre.

Más abajo, hasta Wuhan llegan buques de 2.000-3.000 tn. La movilidad de los bancos de arena hace lento el viaje. Una embarcación debía ir delante, comprobando la situación de los bancos. A veces, los barcos quedaban en seco, esperando que subieran las aguas. Estos inconvenientes se producen, sobre todo, entre Ichang y Wuhan. De esta ciudad a Sahngai hay 1.000 kilómetros y puede ser seguida por los barcos de 15.000 tn durante las aguas altas y durante el resto del año los vapores de 5,5 ms de calado. Pero todo el curso ha de ser balizado y explorado constantemente. Así que el Yangtse es una buena vía de navegación para tiempos pasados, pero no para ahora. Por otro lado, esta es la mejor vía -o menos mala- de comunicación que tiene el Sechuan, que produce infinidad de productos ligeros de gran valor: seda, te, opio. Pero aquellos eran otros tiempos. El Sechuan tiene el ferrocarril a Sian y Pekin. El inconveniente de este proyecto es que la vía acuática habría de ser suprimida, a no ser que se estableciese un sistema de exclusas, coa perfectamente factible. Pero si el agua era desviada hacia el Norte, el cauce tendría poca profundidad, aunque podría mejorarse, convirtiéndose en un canal constante, puesto que más abajo también tiene -o tenía- grandes inconvenientes.

El caudal del río es de 29.000 m3 de promedio y crecidas de 60.000 aunque en otros sitios se le atribuyen 18.000. La primera cifra es más moderada y, seguramente, más fiable.

Chungking se encuentra a 165 metros de altitud. Entre Ichang y Chasi, todavía su curso va ligeramente entallado. Entre Hankeu o Wuhan y el mar la pendiente del río es de 14 mm/km, con 1.130 km de distancia; por tanto, Wuhan está a unos 15 ms sobre el mar. Así que se trata de un valle extremadamente bajo.

La red del Yangtse tiene 45.000 km de vías navegables, gracias en parte a los sampanes, que exigen tan sólo 30 cm de profundidad.

En la cuenca media del Yangtse sólo se cultiva el 15 o 20 % del territorio. En la región aluvial vive un centenar de millones de personas *(*1984)* en 100.000 km2. La potencia de esta región está determinada porque obtiene dos cosechas anuales; trigo en invierno y primavera y arroz en verano.

El río Sikiang tiene una cuenca de 400.000 km2, un caudal medio de 9.000 m3, con crecidas que llegan a 60.000 y acusados estiajes. Así, Wucheu, está a 30 ms sobre el río en estiaje, en tanto que la crecida, la inunda. Es navegable hasta Nanning, a 670 km de Canton. Desemboca en un delta y la principal salida se encuentra al Oeste de Macao.,

La parte meridional de la Gran Llanura, la cuenca del Huai tiene un avenamiento insuficiente, debido, en parte, a los diques artificiales del Gran Canal Imperial.

La Gran Llanura tiene 325.000 km2. A estop se podrían añadir 1000.000 km2 en la cuenca media del Yangtse, los 100.000 del Chensi y posiblemente 200.000 en el Sechuan; pongamos 100.000 para el Sechuan. Total, 600.000 km2, 60 millones de hectáreas. Se podría asegurar el cultivo de dos cosechas: una en primavera y otra en verano.

El problema es doble: 1, asegurar el avenamiento de las llanuras; 2, conseguir su irrigación total. Los ríos llevan caudal suficiente y tal vez la irrigación sea el problema menor, según vamos viendo.

Las lluvias en la Gran Llanura son de 500 a 1.000 mm. A lo largo del Yangtse las lluvias son de 1.000 a 1.500 mm. Los ríos del Kiangsu y del

Hunan tienen en su mitad meridional lluvias semejantes a la costa, entre 2 y 3 ms. Por tanto, se puede aplicar a toda la cuenca del Yangtse unas lluvias totales de 1,5 m.

Las grandes avenidas de la cuenca media del Yangtse las producen, casi a partes iguales, el río principal y sus afluentes en esta parte. Por tanto, es preciso dominar las aguas de estos grandes ríos para obtener los dos objetivos que indicábamos antes: avenar las llanuras y distribuir el agua de riego. Es preciso que el canal de transvase comience, no en el Yangtse, sino en el lago Poyang, donde se empantanan las aguas de la provincia de Kiangsi, donde llueve mucho y dirigir el agua hacia la parte superior del valle, para recoger las aguas del lago Tungting, que a su vez recoge las del Hunan. Así, una vez controlados los ríos de la vertiente meridional del curso medio, llegar hasta la región sobre el Yangtse. Una vez aquí, cruzar la llanura inundada hacia el NE, hasta las cercanías de Wuhan y aquí, tras recoger también las aguas del río Han, atacar las sierras que separan la cuenca del gran río de la Llanura Amarilla.

El problema central es que Ichang se encuentra a 40 msm y Shasi, de donde debería partir la vía acuática, se encuentra a unos 30 msm. Haría falta saber qué parte de la llanura septentrional queda por bajo de los 30 ms. Hay que pensar que es preciso ocupar toda la llanura y buena parte de ella ha de estar por encima de esta altura. Por eso hay que volver al proyecto inicial: cerrar el Yangtse para conseguir una altitud de 100 ms, elevándolo y formar un cauce artificial que mantenga este nivel sobre la llanura. Este es un problema muy serio en un espacio bastante accidentado como es el valle del Yangtse. No hay más remedio que limitarse a las aguas tibetanas y del Sechuan. Mejor solución sería cerrar el río, no en

Ichang, sino en Zhijiang, donde sale a la llanura del Hupe. Desde aquí debe entrar en el valle del Han y atacar las montañas. Es un dispositivo bastante complicado de solucionar porque el agua del Sechuan no es tanta, no es suficiente.

Por tanto, hay que volver al proyecto primitivo: dos canales.

Hay que dar la idea, exponer la necesidad de que se realice la obra. El resultado ya se sabe: más de 30 millones de hectáreas en la Gran Llanura; 10 en el valle medio del Yangtse; 10 en el Chensi; 10, en el Sechuan. En total un aprovechamiento integral con 60 millones de hectáreas de recompensa. Estos 60 millones de hectáreas, si estuvieran cultivaos exclusivamente de arroz, a un rendimiento de 5 tn por hectárea, serían 300 Mtn. Más la otra cosecha de trigo, por ejemplo, a 2,5 tn/ha, serían 150 Mtn. En total, 450 Mtn de grano. Actualmente la China produce la mitad de esa cantidad, Hay que recordar que se trata de una llanura baja, muy baja, que ha sido colmatada por el río Amarillo y demás ríos que proceden del loess. Por tanto, hay que suponer que una gran parte de la llanura está a muy baja altitud, ya que se trata de una planicie baja, de materiales ligeros, inundada, sin apenas desnivel. Por tanto, la altitud de Ichang (40 ms) o de Shasi (unos 30 ms) sería suficiente, sin necesidad de represar el río y obstruir la navegación. El punto en que el Amarillo cambia de orientación -es decir, desemboca en uno u otro mar- está en los alrededores de Kaifeng. Pekin está en una llanura a 50 ms de altitud. Según Reclús la altitud de Pekin es de 37 metros.

Los cultivos.

El arroz se limitaba antes al Sur y al Sechuan y se ha extendido por el centro del valle del Yangtse. En 10 años, la producción aumentó en un 60 % tras el fin de la guerra civil. En 1954 se dedicaban al cultivo del arroz 200.000 km2, que producían 50 Mtn.

El cultivo del arroz avanza hacia el Norte, en tanto que el trigo lo hace hacia el Sur. La alternancia de uno y otro se produce frecuentemente. Trigo de invierno y arroz en verano. Así se cultivaban hace 30 años 22 Mha.

El maíz tiende a sustituir al sorgo y el mijo en los lugares que ocupaba en la parte septentrional.

Naranjos en el Sur, manzanos en el Norte.

Se cultivan multitud de oleaginosas: sésamo, cacahuete, mostaza, colza.

La soja se cultiva en los mejores suelos, siempre que no

llueva demasiado. El 1954 se cultivaban 4 Mha, 40.000 km2. Ahora produce 3 Mtn y en 1954, 1,4 Mtn.

Población.

El censo de 1953 arrojó 582 Mhb. El de 1982, 1.000 Mhb; el de 1964, 695 Mhb. En treinta años la población ha crecido un 85 %.

A mediados del siglo XVIII era de 180 Mhb; a fines de siglo, de 300 Mhb. -estos datos son bastante inciertos. En 1850 era de 440 Mhb, con un considerable descenso en la segunda mitad del XIX. Una fuerte subida en torno a 1900 situándose sobre la misma de 1850. Una fuerte depresión a principios del 20, en que vuelve a ser de 350 Mhb. Crece en la primera mitad del siglo y en 1940 tiene 4500 Millones, a pesar de las guerras civiles (paradójicamente, lo que demostraría que la guerra no es el mejor método de hacer descender el crecimiento de la población del país; mucho más efectiva es la miseria). A partir de aquí el crecimiento es vertiginoso. Da la impresión de que los chinos responden, en este sentido, como pueblo, como raza, y ven la mejor garantía de supervivencia colectiva en el número, en ser el pueblo más numeroso de la Tierra, aproximadamente el 22 % de los humanos.

En la Gran Llanura hay territorios muy poblados, pero otros que no lo están apenas. Los suelos loésicos contrastan con otros alcalinos y arenosos. En el Huai ocurre lo mismo: junto a comarcas realmente superpobladas, hay otras casi desiertas, en los pantanos. Las mesetas loésicas no están excesivamente pobladas, en parte por lo abrupto del país y también por la irregularidad de las lluvias. En la China meridional hay poblamiento de oasis.

El invierno.

El anticiclón asiático es el más potente del planeta y su centro si sitúa en las proximidades del Baikallos, vientos boreales predominan desde dines de septiembre. Los vientos son constantes, con frecuencia fríos. La navegación es difícil para veleros. La dirección del viento es NO en el Norte y NE. La India y el Sechuan son protegidos de estos vientos por cadenas montañosas y su clima es menos riguroso. El ambiente es seco y limpio, pero aparecen las nieblas en cuanto hay una variación de temperatura. Es la época de la sequía, aunque en las costas meridionales llueve también. El contacto del frente polar con los vientos cálidos del Pacífico provoca en la China meridional y el bajo Yangtse abundantes lluvias invernales.

El verano.

A partir de abril el viento del SE predomina en Shangai.

Sobre Indochina avanzan tres masas de aire, El monzón bengalí, sobre Birmania; en el centro el monzón malayo, sobre Sumatra y Célebes, que llega a China; al E, el alisio del hemisferio septentrional.

Un rasgo característico de estas lluvias es su gran variación de un año a otro. Las provincias al N del Yangtse están sometidas a terribles sequías con su secuela de muertes y epidemias. Sequía e inundaciones se suceden.

Por eso es necesario substituir, en la medida de lo posible, el mecanismo inestable, aunque fácil de las lluvias por el seguro, aunque costoso, de los ríos. Esta es una necesidad fundamental. No es sólo la cantidad de comida mayor que con el riego se puede obtener, sino la seguridad de la cosecha suficiente, sobre todo si no se apura la capacidad de irrigación de los ríos, que sí acusan las variaciones climáticas, dejando un margen de diferencia, entre os años de gran caudal y los de menos. Dentro de este margen, hay que tratar de apurar las posibilidades de riego de los países tropicales en general.

Lo que sí es cierto es que el Yangtse, excepto como vía de comunicación, no sirve para nada. Las regiones que atraviesa reciben fuertes lluvias en verano, que aseguran las buenas cosechas allá donde puede cultivarse, y lluvias de invierno que permiten cultivos en esa estación, una doble cosecha. No es el caso de la Gran Llanura, que sólo recibe lluvias durante el verano y sufre una acusada sequía invernal, que no permite generalmente cultivos invernales y una segunda cosecha. Este es el problema. Es preciso aprovechar las aguas del río Azul, que no sirven más que para la circulación, y dirigirla a las tierras del Norte, asegurando una buena cosecha en verano y una segunda cosecha en invierno, sobre todo con riego en otoño y primavera, época en la que los riegos o las lluvias son imprescindibles para el ciclo de los cultivos invernales.

Hay dos elementos complementarios: un río cuyas aguas, muy abundantes, no son necesarias para los países que atraviesa, y una gran llanura que necesita agua para el aprovechamiento máximo de sus posibilidades agrarias, Hay que encajar estos dos elementos y el resultado puede ser el dotar al pueblo chino de medios sobrados de alimentación. Son dos poderosos factores complementarios, cada uno de los cuales por separado sirve para poco y unidos pueden dar un fruto excepcional. La unión de los complementarios es el principio esencial de la armonía.

En el valle medio del Yangtse llueve bastante, pero no en demasía: Shangai, 1.150; Wuhan, 1.260;

Ichang, 1.100; Chungking, 1.100. La isoyeta de los 1.000 mm va de Tsinling al mar, pasando por el Sur de Shantung.

En la Gran Llanura media y septentrional llueve en todas partes menos de 1.000 litros. Pero la cuenca pantanosa del río Huai tiene menos de esa cantidad de lluvia. Tsingtao, 660: Paoting, al `pie de las montañas del Chansi, 500; Taiyuan, 370.

Las lluvias varían en todas partes de 1 a 3; si la media es 2, descienden frecuentemente a 1 y aumenta a 3. Así, Pekin tiene una media de 624, que se convierten en 300 algunos años y más de 1.000 en otros.

En la parte meridional de la Gran Llanura las lluvias tienen una media que se acerca a los 1.000 mm. En la parte central y septentrional, estas cantidades se reducen a la mitad en una buena parte.

En Nankin el invierno dura de fines de noviembre a principios de marzo, casi 4 meses. El invierno es la época en que la temperatura media es inferior a 10 grados. Wuhan y Chengtu tienen aproximadamente el mismo régimen.

En Pekin el invierno comprende de noviembre a marzo, 5 meses.

Tsingtao tiene aproximadamente el mismo régimen.

En los países tropicales, cuando las lluvias cesan, aunque sólo sea 10 días, la evaporación arrasa las cosechas. Sin el riego, los cultivos quedan reducidos a los terrenos aluviales inundados por las crecidas. Para defenderse de estos intervalos sin lluvias en pleno ciclo agrícola, se calcula que hace falta 1m3/s en cada 10 km2 cultivados, A pesar de la relativa irregularidad de las lluvias, la pérdida de cosechas por esta causa es realmente notable en muchos sitios: llega a la tercera parte, en tanto que los cultivos que tienen riego apenas lo notan.

El riego dobla el rendimiento de los arrozales de Java y permite mejorar la calidad del producto. Además, es posible la substitución de plantas de poco rendimiento, como el mijo, por cultivos más ricos como el arroz, la caña y el trigo. Los cultivos de estación seca consumen menos aguas que las del estío, pero tienen más necesidad aún de riego constante por la falta de lluvias.

Algunas plantas cultivadas se siembran en otoño y se recogen en primavera. La humedad necesaria es facilitada por los últimos aguaceros monzónicos y por las reservas almacenadas en el suelo; en algunos lugares, por las lluvias y por los rocíos invernales. El rendimiento de estos cultivos varía notablemente según la duración, el riego y las temperaturas de la estación seca. Y también depende de que la irrigación esté más o menos extendida.

En el **N** del **Indostán** se distingue claramente entre el cultivo "jarif" (otoño) y el "rabi" (primavera). Los cultivos de otoño comprenden arroz, maíz, mijo leguminosas y algodón. Salvo el mijo y los guisantes, estas especies no pueden resistir el frío gangético y dan paso a otras plantas más resistentes: trigo, cebada, trébol, mostaza, lino, adormidera.

El algodón es sembrado casi exclusivamente como planta anual y de esta manera ha podido extenderse a regiones sometidas a heladas en invierno. Su cultivo exige temperaturas medias de 15 a 18 grados durante 6 meses; de 25 grados durante 2 meses y una humedad considerable. Necesita suelos profundos, donde se retiene la humedad. En el Indostán la recolección empieza en enero y dura hasta abril, debiendo comenzar 4 o 5 veces a medida que va madurando; la floración comienza en octubre.

Aunque el crecimiento de la producción china de medios alimentarios ha sido considerable en los últimos años -por ejemplo, el arroz ha pasado de 85 a 148 Mtn. Este crecimiento, en realidad, ha sido paralelo al de la población, de forma que se encuentra aquel país -al menos en lo que se refiere a las grandes producciones básicas- en la misma situación que entonces. Es probable que se haya avanzado en otros aspectos, en otros cultivos, que hayan mejorado la dieta de los chinos. Pero las producciones chinas, que han crecido mucho, lo han hecho al ritmo de la población y no más deprisa. Este es un factor muy a tener en cuenta a la hora de considerar la necesidad o no de que la agricultura china sea mejorada.

Una de las mejoras que se han llevado a cabo con intensidad tras las guerras civiles ha debido ser el aprovechamiento de los pastos de las montañas bajas. En efecto, hasta mediados de este siglo *(*XX)*, los chinos desdeñaban la ganadería y se dedicaban exclusivamente a la explotación de los recursos agrícolas. El contraste entre las llanuras aluviales y las sierras o colinas, casi siempre desprovistas de bosque, era impresionante. Los chinos se concentran en las tierras agrícolas y abandonan completamente aquellos terrenos en que la agricultura no es posible a su manera. Por eso se ha debido avanzar mucho en este sentido, ya que el clima lluvioso, a pesar de la desforestación, debe mantener ricos pastos, praderas, herbazales, garrigas, en los que la ganadería daría fuerte rendimiento. Hace treinta años la producción de carne para el consumo era muy baja, un raro complemento a la alimentación vegetal, en tanto que en 1981 produjo unos 23 Mtn de carne, casi igual que USA y bastante más que la URS. Es el primer productor mundial de huevos. En cambio, la industria lechera y quesera están poco desarrolladas. Esto indica que se ha pasado del estadio de la ganadería como instrumento de trabajo a la ganadería alimentaria. En este sentido se ha dado un buen paso adelante.

Los cultivos de arroz, la morera, el algodón, el té, requieren el concurso de familias numerosas. Es decir, unos hacen trabajos ligeros y otros pesados. Este puede ser le motivo de la alta natalidad china. Hacen falta niños para los trabajos. En cuanto se convierten en hombres, se transforman en cabezas de familias y abandonan la materna. En este tipo de agricultura, la mano de obra infantil no sólo es aprovechable, sino imprescindible. Los niños realizan un trabajo que, en otro caso, habría de hacer un hombre, y su mantenimiento es mucho más liviano. Así que para los cabezas de familia es realmente un negocio tener hijos en abundancia.

Sobre este asunto habría que reflexionar al afrontar el problema del control de la natalidad en los países tropicales. La familia numerosa es una unidad productiva natural. Mayores y niños se complementan; los niños trabajan desde la infancia. En un sistema agrícola autónomo -cada familia forma una célula, un átomo individual- hay infinidad de trabajos que hacer y los niños, a partir de cierta edad, alivian la carga y realizan trabajos que, de otra manera, habría de hacer un mayor. Así, vemos que en estos países se tienen muchos hijos, no por barbarie, sino por interés.

De esta manera, en contra de lo que se cree, el control de la natalidad no es tanto un problema médico como económico. Estos asuntos se afrontan con mucha frivolidad. Nosotros, en los países industrializados dl Norte, desconocemos estas cosas, no tenemos ideas claras. El control de la natalidad no puede proceder más que de una modificación de las estructuras económicas. Ya vemos que la población, por miserablemente que viva, sabe evitar la descendencia cuando esta es una carga insoportable -en esto, las sociedades míseras y las llamadas opulentas se dan la mano, los extremos se juntan-. La revolución china no ha modificado esas estructuras básicas de la sociedad, sino todo lo contrario, porque nunca la población china creció con tanta rapidez como en los últimos 35 años (*1984).

La revolución no ha modificado esa estructura, sino que, al contrario, la ha desarrollado, se ha basado en ella. De ahí el crecimiento vertiginoso de la población china, que se ha duplicado en ese espacio de tiempo. Precisamente la revolución china ha consistido, en este aspecto, en aprovechar la fuerza cohesiva de la unidad familiar. Es decir, el sistema comunal chino se basa, en realidad, en la unidad familiar. Dos elementos contra puestos que se complementan. Para que cambiara, la única medida, sería mecanizar el campo chino y que proporcionara la suficiente rentabilidad. Para alcanzarla sería necesario que se transformase en una agricultura comercial y no sólo de subsistencia.

El mar invadió la mayor parte de lo que hoy es la Gran Llanura, pero ha desaparecido casi completamente de ella, y sólo subsiste en el Golfo de Chili. En los demás puntos su cuenca ha sido colmatada por los sedimentos procedentes de las tierras vecinas, aluviones que, depositados en una fosa tectónica forman las fértiles tierras de Manchuria y la Gran Llanura.

La Gran Llanura es una cuenca de hundimiento. Son llanuras muy próximas al nivel del mar y muy húmedas. Esto nos llevaría a la conclusión de que la toma de aguas del Yangtse a la altura de Ichang (40 ms) sería suficiente para irrigar la mayor parte de la Llanura.

PROPUESTA:

"5 Diciembre. 1984.

Tengo el placer de dirigirme a Usted, para someter a la consideración del Gobierno que preside una propuesta relativa al aprovechamiento exhaustivo de los recursos hidráulicos del río Yangzi en la irrigación de la Gran Llanura de la China del Norte, que paso a exponer brevemente.

Como es sabido, el río Yangzi o Chanjiang es el cuarto del Mundo por su caudal, tras el Amazonas, el río Congo y el Río de la Plata. Juno a él, al Norte, se extiende la Gran

Llanura de la China Septentrional, cubierta de ricos aluviones, que es uno de los mayores espacios agrícolas del Mundo. Pero entre ambos está una cadena montañosa, los Dabieshan, que separa casi completamente estos dos factores complementarios. El río Yangzi lleva mucha agua y la Gran Llanura la necesita, pero la línea de sierras bajas los separa.

La Gran Llanura se ve sometida a fuertes oscilaciones climáticas, con lluvias excesivas o insuficientes, lo que se manifiesta en los rendimientos agrarios. Si el agua del Yangzi fuera llevada hasta la Gran Llanura, podría complementar la acción de las lluvias y someterla a un cultivo intensivo, seguro y constante.

La propuesta que me permito presentar al Gobierno de la República consiste básicamente en retener las aguas del Yangzi a la salida de los desfiladeros, más abajo de Yichang, y derivar parte de sus aguas mediante un canal de 5.000 metros cúbicos por segundo y a un nivel de 100 metros sobre el mar, hasta el valle del río Han, para crear en este valle un gran embalse con las tierras situadas por debajo de los 100 metros. Desde el embalse del valle del Han se podría atravesar los Dabieshan, mediante una brecha, cerca de la Puerta de Nan Yang, punto en el que el curso del río Amarillo no está demasiado lejos. El curso del Amarillo serviría para distribuir las aguas del Yangzi por la mayor parte de la Gran Llanura, pues se mantiene a mayor altura que éste.

El gran embalse del Yangzi anegaría completamente los desfiladeros convirtiéndolos en un lago hasta las cercanías de la gran ciudad de Chungking. Como el caudal medio del Yangzi en Yichang debe de ser de 10.000 metros cúbicos por segundo, si la mitad se destinase a irrigación de la Gran Llanura, la otra mitad podría servir de base a in dispositivo de exclusas, accionadas por la energía eléctrica de la presa, mediante las cuales las embarcaciones fluviales ascenderían y descenderían por ellas, salvando el obstáculo. Así, el Sichuan no sólo no quedaría incomunicado al construirse el dique, sino que la navegación mejoraría notablemente.

Por otro lado, al contenerse las inundaciones de primavera del Yangzi, muchas tierras anegadas, lacustres, quedarían al descubierto, listas para el cultivo, con lo que el territorio que se debería anegar en el valle del Han sería compensado con creces.

Si fuera posible llevar las aguas del Yangzi a la Gran Llanura, se podría ayudar a la cosecha de primavera, mediante riegos en las épocas de la siembra y la recolección, y se mejoraría y aseguraría la cosecha durante las lluvias monzónicas. Con esto, la casi totalidad de la Gran Llanura, de 35 millones de hectáreas, proporcionaría dos cosechas y un considerable aumento de los rendimientos por hectárea. Dejaría de depender del capricho de las lluvias.

Además, al regularizarse el Yangzi con el embalse, el valle inferior del gran río recibiría mucha menos agua y grandes extensiones lacustres y pantanosas podría cultivarse.

También soy consciente de que el proyecto que sugiero es de dimensiones colosales y exige un enorme esfuerzo humano y económico. Es posible que existan otros medios de aumentar en cantidad suficiente los rendimientos del campo chino. Lo que sí creo es que, si este proyecto fuera factible y pudiera llevarse a la práctica, el gigantesco Estado tendría asegurada una base agraria muy firme.

Sin embargo, la realización de tan magna obra no nos sorprendería en absoluto de un pueblo que ha sabido culminar tareas colectivas tan colosales como la Gran Muralla, el Gran Canal y, sobre todo, la colonización de los grandes pantanos que cubrían en los tiempos primigenios las llanuras bajas.

En la esperanza de que las ideas expuestas sean de utilidad, le envío un cordial saludo.

Juan Sanz Sanz."

Avenamiento y cultivo del Delta del Orinoco

1984

SINOPSIS:

Debido a la horizontalidad de la llanura y a la superabundancia de terreno, se puede construir una enorme vía acuática, siempre sobre la costa de los 100 metros. Si tuviera 1 km de anchura y los diques una altura de 10 metros sobre el fondo del lecho, podría dar salida a 10.000 m3, cifra muy superior. Pero podría tener perfectamente 2 km ó 3 km de anchura. No importa la anchura. No se trata de un canal en territorio de penillanura, que ha de estrecharse forzosamente.

Al contrario, en medio de la llanura horizontal, lo que importa es que los diques se mantengan a una altura constante y que el fondo del lecho sostenga un desnivel mínimo para que discurran las aguas. En este sentido, la obra no presenta ninguna dificultas y es perfectamente factible.

Con respecto al Orinoco, el problema es extremadamente sencillo: se trata de una obra colosal, pero el resultado es el que puede derivarse de la distribución de 5.000 m3/s de agua para el riego. Son 100 millones de hectáreas; en realidad, entre 100 y 150. Se convertiría la región en uno de los grandes graneros del Mundo. A su vez, sería capaz de absorber grandes masas de población, aliviando las tensiones sociales en los países de la zona. Esta región tendría una salida al mar directamente, fuera de la desembocadura dl Orinoco. Estaría en la depresión entre las montañas de Caracas y las de Cumaná.

<u>Territorio:</u>

El Delta del Orinoco, entre la Boca de Manamo y la Boca Grande, tiene unos 18.000 km2, 1.800.000 hectáreas. Más al Oeste del Brazo de Manamo hay otras tierras bajas, que se podrían cultivar si la tierra tuviera mejor drenaje.

El caudal del Orinoco es de 18.000 m3, con crecidas que seguramente superan los 40.000 m3.

Todo el problema consiste en apartar el río del Delta, evitando la enorme descarga de agua que lo inunda. Para ello basta con aislarlo mediante un dique a lo largo del Caño de Boca Grande.

La extensión de esta región palustre llega hacia el Oeste a el doble que el propio Delta. Son llanuras bajas que vierten hacia el Delta. El problema es que allí llegan las aguas de un territorio de un millón de kilómetros cuadrados, que llevan un aporte medio de 18.000 m3, con crecidas del doble.

Si se apartaran las crecidas fluviales del Delta, los cauces que existen actualmente tan sólo tendrían que evacuar las lluvias y los pequeños ríos del entorno, pero el gran aporte quedaría.

<u>Proyecto y consideraciones:</u>

La base del proyecto es la construcción de un gran canal desde los raudales de Maipures hasta la costa. Hay una región extremadamente difícil y es cruce de los Llanos propiamente dichos. Se trata de una región pantanosa, lacustre durante la estación de las lluvias. Aunque se mantenga a una altitud de 100 metros sobre el mar y dé un largo rodeo, ha de servir de colector a las aguas en crecida de los ríos andinos. Se trata de un dispositivo bastante complejo. Sin embargo, tenemos un precedente, que puede servir de modelo: el cauce artificial del río Amarillo a través de la llanura de la China del Norte. Dese la salida de este río a la llanura baja hasta la desembocadura, discurre durante 800 kilómetros a través de una región pantanosa también durante la época monzónica. La obra que proponemos aquí sería de parecidas dimensiones. No es terreno lo que falta para trazar un canal tan ancho como se quiera. No es preciso que sea excesivamente profundo, aunque podría proyectarse también para que la navegación marítima alcanzase el Alto Orinoco, el Casiquiare y el Negro, a través del cual el sistema amazónico estaría también a su disposición. Así, pues, el mayor inconveniente que se le ve a la obra es el tamaño del canal. Pero esto no tiene porque ser una obra demasiado perfecta: basta un dique relativamente consolidado que a través de la llanura sirva de cauce a las aguas del Orinoco alto de colector de los ríos andinos. En el cruce de los ríos, un sistema de salida de las aguas hacia los cursos bajos de los ríos andinos y el Orinoco inferior. La cosa no puede ser, teóricamente, más sencilla. Este canal no tiene por qué tener una profundidad grande. Debido a la horizontalidad de la llanura y a la superabundancia de terreno, se puede construir una enorme vía acuática, siempre sobre la costa de los 100 metros. Si tuviera 1 km de anchura y los diques una altura de 10 metros sobre el fondo del lecho, podría dar salida a 10.000 m3, cifra muy superior. Pero podría tener perfectamente 2 km ó 3 km de anchura. No importa la anchura. No se trata de un canal en territorio de penillanura, que ha de estrecharse forzosamente.

Al contrario, en medio de la llanura horizontal, lo que importa es que los diques se mantengan a una altura constante y que el fondo del lecho sostenga un desnivel mínimo para que discurran las aguas. En este sentido, la obra no presenta ninguna dificultas y es perfectamente factible.

Con respecto al Orinoco, el problema es extremadamente sencillo: se trata de una obra colosal, pero el resultado es el que puede derivarse de la distribución de 5.000 m3/s de agua para el riego. Son 100 millones de hectáreas; en realidad, entre 100 y 150. Se convertiría la región en uno de los grandes graneros del Mundo. A su vez, sería capaz de absorber grandes masas de población, aliviando las tensiones sociales en los países de la zona. Esta región tendría una salida al mar directamente, fuera de la desembocadura dl Orinoco. Estaría en la depresión entre las montañas de Caracas y las de Cumaná.

Sin embargo, cabe plantearse la utilidad de estos proyectos colosales, a los que se puede achacar un mesianismo que no pretenden tener. Nos encontramos lejos de muchos puntos de vista, que pretenden reducir la política a meras combinaciones para andar por casa y a las cuestiones generales de equilibrio entre los Estados, cuando entre una cosa y otra no hay ninguna relación absolutamente. Mi opinión es que no se puede avanzar mientras no se resuelvan los problemas de fondo, puesto que las combinaciones posibles están agotadas. La penuria, la falta de medios de los Estados *(*1984)*, en relación con las necesidades sociales, les ha empujado al endeudamiento y a la bancarrota actual. ¿Cómo se imaginan que van a salir de esta situación? Ayer mismo *(*1984)* decía Alfonsín que su país atenderá sus obligaciones financieras con el exterior sin menoscabo del progreso material. Me parece la expresión sincera de un buen deseo. Pero no se puede hacer frente a todo eso, así como así, sobre todo manteniendo interiormente una situación igual a la que lo motivó. Es un callejón sin salida, guste o no. Y Argentina todavía dispone de medios y puede ir adelante con más facilidad que el Brasil. Pero en Brasil ¿qué va a pasa? Todos los beneficios de su economía, que deberían dedicarse a la atención de necesidades sociales, van a ir a parar al pago de las deudas. Pero ¿está el Brasil en situación de hacer tal cosa, con 130 millones de habitantes *(1984)*. ¿Cómo se va a impedir que un país como ese entre en una dinámica conflictiva, frente a la que la de los medios del Estado tal vez resulten insuficientes? La bancarrota del Estado va a traer la de la sociedad.

Las aguas del Orinoco comienzan a subir en abril y alcanzan su máximo en agosto - estamos en el hemisferio septentrional-, coincidiendo con la estación lluviosa de los Llanos. Ä altura de las aguas máxima es de 30 metros de promedio. Luego inicia lentamente el descenso para llegar a su nivel más bajo en marzo y principios de abril, con 16 m, de promedio. La diferencia entre máximas y mínimas no es notable, debido al caudal constante de los ríos guayaneses. El caudal medio es de 18.000 m3/s. La velocidad es pequeña, debido a la débil pendiente.

En Puerto Ayacucho, las lluvias son de 2,5 metros. En la llanura del Casiquiare las lluvias son superiores a 3 metros. En la llanura del Casiquiare las lluvias son superiores a 3 metros.

Puerto Ayacucho es el punto de partida de la navegación por el río. Frente a Ciudad bolívar el río cruza unos afloramientos rocosos que reducen su anchura a 800 metros. Los ríos llaneros tienen un régimen estacional.

Su longitud es de 2.060 km y la cuenca tiene 880.000 km2.

En los llanos occidentales las lluvias se inician a mediados de abril con chaparrones aislados, que aumentan en mayo y alcanzan su máximo en junio o julio, decreciendo luego para cesar en noviembre o diciembre. Durante la estación lluviosa los ríos se desbordan y cubren casi por entero la planicie, de la cual sólo sobresalen pequeñas elevaciones que pasan inadvertidas durante la estación seca; aquí se refugian las personas y el ganado. De diciembre a abril hay medio año de sequía. Durante la estación de lluvias predomina el viento del NO, en tanto que en la seca proceden del NE.

La vegetación dominante son las gramíneas tropicales. En la estación seca las hierbas se agostan y el color verde desaparece del paisaje.

Puerto Ayacucho se encuentra a una altitud de 100 msm.

Si se desviara el Orinoco a la salida de los raudales, siguiendo un canal la costa de los 100m, daría un largo rodeo hasta el piedemonte de la sierra de Mérida. El canal iría recogiendo las aguas en estiaje de los ríos andinos, creando una franja cultivada inmediatamente más debajo de él. Este canal podría abrirse paso directamente hacia la costa, entrando en el valle del Unare. Desde los raudales hasta la desembocadura en el Caribe hay 1.000 kilómetros en línea recta.

Los Llanos Centrales se extienden entre el Cojedes y el Unare. La línea de los 100 metros sobre el nivel del mar separa una porción septentrional, de terrenos terciarios formados principalmente por gravas y arenas, y otra meridional, de sedimentos cuaternarios. Esta región de sedimentos cuaternarios, entre el Orinoco y los 100 msm, tal vez fuera lo que podría aprovecharse.

El viento dominante es del E., con lluvias medias de 1.200 mm, que en un 80% caen durante la estación lluviosa. Altas temperaturas medias e intensa evaporación. El terreno es poroso y abundan los manantiales. Los pastos se marchitan en la estación seca. Los ríos de aguas perennes tienen bosques-galería.

Los Llanos Orientales se extienden al E de la línea formada por los ríos Unare y Suata. En la parte occidental hay extensas formaciones de mesetas tubulares, que bajan del macizo de Cumaná. Son sedimentos terciarios. Los cuaternarios se encuentran más al E, en la vertiente del Delta. Los suelos cuaternarios son arenas, gravas y arcillas. La permeabilidad del suelo es grande y el agua se filtra rápidamente.

Los Llanos Occidentales se extienden entre la Sierra de Mérida y el Orinoco. El declive de la llanura es muy constante e igual por todas partes; los ríos no tienen un cauce definido. La mayor parte se inunda durante las grandes crecidas.

Frente al Cerro Duida (2.396), donde se produce la bifurcación del Alto Orinoco hacia el Casiquiare y hacia el Orinoco inferior, la altitud del cauce es de tan sólo 120 msm. Aquí el río tiene unos 300 kilómetros en línea recta.

<u>Bajo Orinoco:</u>

El Delta es un gran espacio de aluviones recientes, que tiene unos 200 km de E a O, y unos 150 kilómetros de término medio de N a S, con una extensión total de 30.000 km2., 3 Mhas.

El problema es considerable. El caudal del río es de 18.000 m3/s, semejante al del Mississipi, bastante regular gracias a las lluvias guayanesas.

En primer lugar, habría que apartar el río de la llanura, dándole una salida única por el brazo más meridional, que es el más corto. Aislando el río de la llanura, se lograría dejar libre el territorio de las inundaciones del río. Pero las lluvias son enormes y con ellas la inundación está garantiza, Se parece este territorio mucho al delta del Irawadi.

El asunto es sencillo, si se quiere aprovechar el territorio. Basta con construir un gran dique a lo largo del Río Grande, el brazo meridional, casi de 200 km de longitud. Los otros brazos principales deben quedar cegados, anulados. Estos son el Macareo, por el centro del delta, y el de Mánamo, por el límite occidental.

Ahora bien, haría falta saber hasta qué punto la inundación en el delta es causada por el río y no por las lluvias locales, que son de 3 ms en la parte litoral y de 2 en la interior.

Lluvias muy altas, suficientes para que la región, si no tiene drenaje espontáneo, se empantane.

<u>Sería necesario:</u>

Primero, apartar las inundaciones del río, mediante unos diques que lo aprisionen hasta el mar.

Segundo, utilizar los cauces actuales para dar salida a las aguas llovedizas locales.

Frente a Ciudad Bolívar, el Orinoco tiene su último estrechamiento, entre afloramientos graníticos, de 800 ms. Ciudad Bolívar está a unos 350 kilómetros del Atlántico, y a 150 kilómetros de Barrancas, donde empieza el delta. Debajo de Ciudad Bolívar desemboca el gran Caroní, cuyo curso está, sin embargo, regularizado por el embalse de Guri.

La carga de sedimentos que transporta el río se calcula en 100 Mtn anuales. La corriente marina costera arrastra los limos hacia el N, como los del Amazonas y demás ríos de las Guayanas. Los aluviones que se depositan en el delta la hacen avanzar 45 metros al año. Los grandes aportes de sedimentos proceden de los ríos llaneros, pues las aguas del Orinoco se enturbian durante sus crecidas y se aclaran en sus estiajes.

La crecida comienza en abril y alcanza el máximo en agosto, en perfecta correspondencia con los ríos llaneros. La altura de las aguas máximas es de 30 ms y de las mínimas, de 17, que se alcanza en marzo y primera quincena de abril.

Ciudad Bolívar, a 54 msm, tiene unas lluvias anuales de 1.022 mm y el 85% de estas lluvias caen en la estación lluviosa, e marzo a octubre.

Propuesta:

"Diciembre 1984.

Someto a la consideración del Gobierno una propuesta relativa al aprovechamiento de los recursos agrarios del Delta del Orinoco, que paso a exponer sinópticamente.

Me permitirán que exponga algunos hechos generales, sobradamente conocidos. El Orinoco es uno de los ríos más caudalosos de la Tierra, con un aporte medio de 18.000 metros cúbicos por segundo y crecidas del doble aproximadamente. Este caudal es el resultado de las lluvias en un territorio que tiene casi un millón de kilómetros cuadrados. A lo largo de las edades ha ido formando un gran Delta, de suelos aluviales fértiles, cubierto de pantanos, cuya extensión es de 17,500 km2. Las grandes crecidas del río y las propias lluvias de la región mantienen el Delta en un estado pantanoso, anegado. Pero los suelos aluviales, muy ricos, encierran unas posibilidades agrícolas enormes.

La propuesta que me permito presentar al Gobierno consiste en apartar el río del resto del Delta, mediante la construcción de un dique que haga discurrir toda el agua del Orinoco por el camino más corto hacia el mar, es decir, por el Río Grande hasta la Boca Grande, cerrando las otras dos salidas principales, la de Macareo y la de Mánamo.

Si toda el agua del Orinoco saliera por la Boca Grande, quedando el resto del Delta fuera de sus inundaciones, los restantes brazos sólo tendrían que dar salida a las lluvias considerables que caen en el propio Delta y a los aportes de los pequeños ríos del entorno, con lo que el nivel de las aguas del Delta bajaría y la mayor parte de sus tierras emergerían completamente, al tener un buen drenaje natural.

De esta forma Venezuela ganaría un territorio de 1.750.000 hectáreas de tierras feraces, a las que habría que añadir los territorios situados al Oeste del Caño de Mánamo, en tierra firme, que también se ven afectados por la inundación general.

Las lluvias son muy grandes, suficientes para los cultivos tropicales más exigentes en agua, como el arroz, Un territorio de 2 millones de hectáreas, plantado completamente de arroz, puede dar una cosecha de entre 8 y 12 millones de toneladas. Las aguas del Orinoco propiamente dicho, una vez apartado de la llanura cultivada, podrían servir para la irrigación en periodos de sequías, de tal forma que este territorio de 2 millones de hectáreas podría ser cultivado de forma ininterrumpida.

Con ello, Venezuela tendría una base agrícola muy firme y podría bastarse a sí misma por completo en el abastecimiento de productos alimentarios.

Este dispositivo es parecido al del Delta del río Irawadi, en Birmania, donde este gran río es apartado de la llanura mediante diques, mientras las lluvias que caen sobre la región son suficientes para el cultivo,

Esperando que las ideas expuestas sean de utilidad, le envío un cordial saludo.

Juan Sanz Sanz"

Desecación parcial y puesta en cultivo de los Lagos de Nicaragua

1983

SINOPSIS:

Lo que en este estudio se propone, es vaciar parcialmente los lagos de Nicaragua, rebajando su nivel hasta el nivel del mar mediante la apertura de una brecha simple en el istmo que separa el lago mayor del Océano Pacífico. Con ello, la mayor parte de las tierras del fondo de estos lagos, cuyo nivel actual se encuentra a varias decenas de metros por encima del mar. Quedarían al descubierto y podrían ser puestas en cultivo. Las extensiones de lagos y pantanos que se podrían cultivar por este procedimiento simple sumarían alrededor de 10.000 kilómetros cuadrados, un millón de hectáreas.

PROYECTO:

UNO

El problema central del asunto es que Nicaragua necesita una base económica sólida y hoy no la tiene (*1983). Carente de minerales, de hidrocarburos, de industrias manufactureras importantes o de materias primas agrícolas que exportar en gran cantidad, Nicaragua es actualmente un Estado sin base firme. Esta base económica hay que encontrarla de alguna manera o el sistema político evolucionará en el sentido que corresponde a la situación económica y social. La situación económica de un país condiciona la situación social y ésta la política. La situación política no es consecuencia simple de la situación económica, pero sí está fuertemente condicionada por ella. Así, los condicionamientos económicos predeterminan fatalmente el marco material en que la sociedad ha de moverse, sus limitaciones y sus posibilidades. Por ello, si un Estado no tiene una base económica firme, es difícil que sean firmes sus instituciones sociales. La política no puede hacer milagros. La democracia va indisolublemente unida al bienestar; si la democracia es sometida durante algún tiempo a los embates de la penuria y de la lucha social, corre el riesgo de derrumbarse. De aquí que el Estado que esté fundamentado en el sistema de libertades que es la democracia, debe resolver, en primer lugar, algo que dese otros puntos de vista puede parecer trivial: su supervivencia. Se cree con frecuencia que el sistema político es por sí mismo una panacea. Es algo que están viendo hoy mismo los sandinistas. El acoso político que han estado sufriendo desde el exterior no es el peor de los males. Mucho peor es la situación económica que vive el país, la cual, si no se supera, impedirá que en Nicaragua se afirme y consolide la democracia.

DOS

Nicaragua es hoy un caso singular en el ámbito latinoamericano. Los movimientos de independencia contra la monarquía española a principios del siglo XIX trajeron el establecimiento de repúblicas nacionales. El fundamento de estas repúblicas era la democracia liberal, surgida en Europa en torno a la burguesía y en América a la oligarquía terrateniente. De ahí que el movimiento democrático en América es paralelo al europeo, pero adoptando formas diferentes. Si los principios del Estado eran democráticos, sus condicionamientos eran coloniales. De esta manera, vemos la democracia en América Latina adoptar formas más diversas, que cambian en el tiempo, y que oscilan entre los regímenes democráticos más puros a las oligarquías más radicales.

La democracia nicaragüense ha surgido como fruto de un movimiento popular de reacción contra la democracia de origen liberal, que había adoptado la forma más extrema de la oligarquía, lo cual la aparta de las otras democracias latinoamericanas y que, en principio, la acerca más a los fundamentos del socialismo democrático, surgido en Europa a comienzo de la segunda mitad del siglo XX. De aquí que este substrato popular colectivo, que es la base del socialismo democrático, lo es también del socialismo comunista, y entre estas dos posibilidades se ha encontrado el régimen nicaragüense. No hay duda alguna de que el apoyo de los partidos socialistas democráticos a este país puede hacer que en él se instale firmemente el sistema político.

Sin embargo, el futuro de Nicaragua no se juega tan solo en el hecho de que se establezca allí un auténtico socialismo democrático, que se supere el aislamiento exterior y que los que ven con recelo la pervivencia del régimen sandinista, acaben apoyándolo. Todo esto, con ser importante, no es definitivo, porque el establecimiento de este socialismo democrático se vendría abajo si el país no tiene una base material sobre la que sostenerse.

<u>TRES</u>

Lo que en este estudio se propone, es vaciar parcialmente los lagos de Nicaragua, rebajando su nivel hasta el nivel del mar mediante la apertura de una brecha simple en el istmo que separa el lago mayor del Océano Pacífico. Con ello, la mayor parte de las tierras del fondo de estos lagos, cuyo nivel actual se encuentra a varias decenas de metros por encima del mar. Quedarían al descubierto y podrían ser puestas en cultivo. Las extensiones de lagos y pantanos que se podrían cultivar por este procedimiento simple sumarían alrededor de 10.000 kilómetros cuadrados, un millón de hectáreas. Para un país cuyas tierras cultivables no pasan de 7.000 kilómetros cuadrados, -es una cifra de hace algunos años- se trata de un añadido considerable a sus medios de subsistencia. Este millón de hectáreas de colonización fácil, presumiblemente fértiles, de aprovechamiento intensivo, no sólo solucionarían el problema de la falta de alimentos que sufre hoy el país (*1983), sino que dispondría de ellos de sobra, cuya venta podría ser la base económica sobre la que sostenerse el Estado nicaragüense del futuro.

A los beneficios del aprovechamiento de unas tierras cultivables nuevas, habría que añadir su explotación intensiva no sólo de los cultivos de lluvia, sino de los cultivos de regadío en la estación seca, con lo que los rendimientos podrían duplicarse. Esto exigiría una segunda fase de transformación agraria, aquí ya con grandes inversiones, que habrían de sacarse, de los beneficios de la puesta en cultivo, sin más, del territorio lacustre hoy desaprovechado. Habrían de captarse, para ello, algunos ríos de los Andes Centroamericanos, que vierten todos hacia el Caribe, y conducir esa agua hacia la llanura cultivada. Este proyecto requeriría grandes inversiones de capital, pues hay que construir embalses artificiales y canales. Recordemos que la cabecera de los ríos atlánticos, desaguaban en otras edades geológicas hacia el Pacífico y fueron captados por la mayor potencia de los afluentes del otro océano. Sólo sería hacer que las aguas volvieran a su cauce.

CUATRO

Sobre la base económica que representa disponer de un millón de hectáreas de tierra fértil adicional y abundantes producciones agrarias que exportar, se iniciaría un ciclo opuesto al que hoy domina el país (*1983) Las cosas no permanecen estáticas: o progresan, o retroceden. Si no se está en el ciclo del bienestar, se está en el de la penuria. La falta de alimentos y de una base económica firme origina inevitablemente el ciclo de la miseria y de la disolución social. Disponer de una base económica estable suscita una dinámica de progreso y de consolidación democrática. Y, así, de forma gradual y lenta, en el transcurso de los años, del aprovechamiento elemental del fondo de los lagos, se pasaría a su aprovechamiento doble mediante el riego, gracias a obras hidráulicas que esa misma riqueza podría costear a largo plazo.

<u>CINCO</u>

El autor del estudio ha de hacer constar que ha llegado a estas conclusiones disponiendo de medios más bien rudimentarios, que no ha estudiado el problema sobre el terreno, ni puede determinar multitud de detalles que escapan a la información de que dispone. Algunos detalles o elementos de juicio pueden tener tal importancia, que echen por el suelo el proyecto. Es un riesgo que hay que correr. Habrán de ser los especialistas quienes determinen su viabilidad. Sólo me limito a apuntar una posibilidad, que tal vez merezca la pena estudiar.

La más grave de las dudas que se me plantean -y hay que decirlo desde un principio- es si el fondo del lago es fértil o no, si la extensión de tierra que quedaría al descubierto una vez rebajado su nivel al del mar sería grande o pequeña. Con los medios que tengo a mano imposible saberlo. Se puede suponer que el fondo del lago es bastante llano en la parte oriental y más profundo en la occidental, hacia la cordillera volcánica y la isla de Ometepe. En el caso del lago de Managua hay menos dudas: todo él queda por encima del nivel del mar y, por tanto, resultaría desecado. En el caso del lago grande, la extensión de tierra que quedará por encima del nivel del mar no puedo determinarla, pro debe ser, al menos, las 2/3 partes. Se trata de una simple hipótesis o, más bien, de un buen deseo.

Sólo se puede llevar a cabo el rebajamiento del lago hasta el nivel del mar, porque vaciar la totalidad, quedando una parte bajo él, exigiría tal esfuerzo de drenaje que no compensaría la riqueza obtenida, al menos por el momento, aparte de que habría que disponer costosas obras de drenaje,   que   en principio es preciso evitar, puesto que se pretende que la obra tenga un coste bajo.

Además, el mantenimiento de esta parte del lago a nivel del mar es necesario para el desarrollo de otra posibilidad que más adelante expondremos.

<u>SEIS</u>

Este es el dispositivo de los lagos. Un lago superior, más pequeño, cuya superficie está a 40 metros sobre el mar, con profundidad máxima de 20 metros; por tanto, toda su masa acuática por encima del nivel del mar. Un lago inferior, mucho más grande, hacia el que vierte estacionalmente el otro, a un nivel de 32 o 33 metros sobre el océano, con profundidades que pasan de 80 metros en algunos sitios; por tanto 50 metros por bajo del nivel del mar. A su vez, el lago mayor vierte sus aguas sobrantes por el río San Juan, de 200 kilómetros, hasta el Caribe. Entre el lago mayor y el Pacífico hay un istmo que tiene 21 kilómetros en su punto más estrecho.

Aquí se encuentra la depresión interoceánica más baja de América Central. La divisoria de las aguas en Panamá se encuentra en su punto más bajo a 87 metros, que el canal rebajó a 28; aquí sólo a 32, que es el nivel del lago. Sobre este principio se ha pretendido construir un canal o paso interoceánico desde la misma época en que el Nuevo Mundo fue conocido por los europeos. El río San Juan es relativamente navegable para embarcaciones pequeñas, el lago mayor permite avanzar casi un centenar de kilómetros en el istmo y la distancia entre el lago y el Pacífico es mínima. Sin embargo, la falta de navegabilidad del río San Juan hizo que no se aprovechasen estas facilidades.

En la hipótesis de que se dejara salir el agua de los lagos hasta que su nivel se igualase con el del mar, el lago superior se vaciaría por entero y el inferior en su mayor parte. Con ello quedarían al descubierto tierras que hoy el agua, dulce, cubre. Tierras aluviales, sin vegetación espontánea, que serían rápidamente colonizadas y puestas en cultivo, en cuanto se secasen. La extensión que se atribuye a los lagos varía de unos autores a otros, debido a los cambios de su nivel y a la incertidumbre de sus riberas. Las cifras que se dan oscilan entre 9.000 y 11.000 kilómetros cuadrados. Este sería el terreno que se ganase para el cultivo, pues, si bien una parte seguiría cubierta de agua, posiblemente extensas marismas de la ribera oriental se secarían al bajar el nivel de las aguas.

<u>SIETE</u>

Si el fondo de los lagos es realmente fértil, si abriendo una simple brecha en el istmo los lagos se vacían, si la extensión de tierra que queda al descubierto es realmente la mayor parte de la que ahora está cubierta por las aguas, no hay duda de que mediante esta obra Nicaragua dispondría de unas extensiones de tierra cultivable de forma inmediata que le permitirán sostenerse como Estado y subsistir como pueblo.

Este proyecto, además, no responde a un propósito mercantilista de poner en cultivo un territorio, a fuerza de grandes capitales, con la finalidad de producir determinados productos que el mercado mundial requiere. Así han surgido las plantaciones tropicales. Nicaragua necesita de esta solución o de otra equivalente para subsistir. Este en un proyecto nacional, que sólo un pueblo nuevo, y un Estado nuevo, como el nicaragüense tras la guerra civil, pueden emprender. Es una tarea colectiva que debe unir esfuerzo, aplacar rencillas, abrir el camino hacia un futuro mejor y demostrar al mundo que Nicaragua quiere vivir en paz y en libertad.

Nicaragua está condenada a un triste destino si no resuelve sus problemas básicos, porque, como señalábamos más arriba, se encuentra al comienzo de un ciclo de penuria (*1983). Los agudos problemas políticos que la envuelven pueden superarse, pero no los que se derivan de una falta grave de medios materiales. Nicaragua no produce suficientes alimentos y los productos agrícolas que comercializa hacia el exterior no bastan para compensar el costo de los alimentos y restantes necesidades básicas que ha de comprar. Al contrario -y volvemos a insistir en ello-, si logra disponer de superabundantes medios alimentarios, se encontraría al comienzo de un ciclo de bienestar.

<u>OCHO</u>

El problema de Nicaragua, por desgracia, puede generalizarse a muchos Estados en este mundo nuestro. Hoy nos encontramos en una situación delicada, pues muchos Estados han perdido la base sobre la que sostenerse. Acuciados por el crecimiento demográfico, se ha rebasado ya, hace tiempo, el límite de la superpoblación. Este factor no depende de una cifra fija, sino de la relación entre los medios y las necesidades básicas. La mayor parte de los países del Tercer Mundo -casi todos en áreas tropicales-, no disponen de medios suficientes de subsistencia. Esto es compensado en parte por la venta de ciertas materias primas -agrícolas o industriales-; pero la caída de los precios de estas materias ha dejado en una situación precaria las economías nacionales. En principio intentó compensarse con la aceptación de créditos en el exterior, con la creencia de que la crisis era pasajera y que ya vendrían tiempos mejores. Pero la crisis no pasa, sino que sigue, puesto que su causa se encuentra precisamente en estos hechos fundamentales. Efectivamente, es la falta de nivel adquisitivo de los países tropicales, que forman las 2/3 partes de la población mundial, la causa principal de la crisis económica. Hace falta elevar la capacidad adquisitiva de estas enormes masas si se quiere que los productos de los países industrializados tengan una salida y, con ello, se supere la crisis económica mundial. El capitalismo debería darse cuenta de ello. Es preciso apoyar el crecimiento económico general y dejar en olvido, durante algún tiempo, los negocios con grandes beneficios, de tipo colonial, porque el mercado mundial se encuentra saturado. Es preciso dar ese paso adelante.

Sin embargo, Nicaragua no puede estar esperando a que el capitalismo mundial se convenza de una vez de que esto es necesario y colabore en un cambio de situación. Nicaragua necesita soluciones urgentes y este proyecto más arriba enunciado de duplicar sus tierras cultivables podría ser una de ellas. El capitalismo tardará bastante tiempo en convencerse de que la miseria de los países tropicales le arrastra y amenaza con destruirle. Pero estos países necesitan soluciones inmediatas. Hasta que aquello llegue, pasará un periodo intermedio de bastantes años en que estos problemas podrían llegar a un extremo realmente grave, con todo un abanico de posibilidades que son para preocupar. Una de estas posibilidades, andando el tiempo, son esas guerras asesinas, que no tienen otro fin de diezmar la población y dejar sitio a los que quedan. Es duro tener que decirlo, pero no se trata más que de una posibilidad perfectamente factible. Bien sabemos que cuando los hombres no encuentran salida a una situación no se les ocurre otra cosa que organizar una guerra. De esto saben algo en América Central, aunque la guerra, por su naturaleza extrema y traumática, produce generalmente consecuencias que no estaban previstas; el propósito y el resultado raramente coinciden. En la medida de lo posible estas eventualidades deberían evitarse, no con vanas prédicas, sino con resultados prácticos.

<u>NUEVE</u>

La mayor dificultad práctica que encierra el proyecto es la operación de abrir una brecha entre el lago principal y el Océano Pacífico, por la cual los lagos se vacíen hasta el nivel general de los mares. La distancia mínima entre ambas masas es de 21 kilómetros. Esta brecha o canal habría de tener de profundidad la diferencia de nivel entre ambas superficies líquidas, más la profundidad suficiente para que, una vez al mismo nivel las dos, se asegurase el desagüe de la interior hacia la exterior. A esto habría que añadir la altura de las colinas que las separan, de una decena de metros tan solo en algún frente. Y así, la zanja habría de tener 21 kilómetros de longitud como mínimo, una profundidad de lo menos 50 metros en la divisoria de las aguas y una anchura suficiente para asegurar el vaciado del lago en un tiempo prudencial. Se trata de remover tierras y apartarlas del cauce nuevo de salida del lago. En principio no sería necesario más que abrir un cauce fluvial para que el lago se vaciase, La construcción de un canal propiamente dicho, que consolide la obra, podría hacerse después; en principio, y para el fin que se persigue, no es necesario un canal. Hay que darle salida al lago mediante un cauce fluvial que sirva de desaguadero. Y una obra rudimentaria, consistente tan sólo en apartar tierra en línea recta, por larga que esta sea, sí está dentro de los medios de que ahora dispone o puede disponer, con alguna ayuda, el país. Una obra de ingeniería necesitaría de unos capitales que ahora no existen. Pero los nicaragüenses no tienen más que construirle un río, amplio y profundo, a sus lagos. Respecto al lago de Managua, para que vierta en su totalidad al de Nicaragua, sería preciso ahondar el río Tipitapa, que sirve actualmente de desaguadero, pero que parece dar muchos rodeos, o abrir una brecha menor de unos 20 kilómetros de longitud. Unos pocos centenares de máquinas excavadoras, cuyo costo es realmente módico, bastarían para ejecutar el trabajo. Estas máquinas servirían luego para colonizar las nuevas tierras cultivadas y, finalmente constituirían el núcleo del parque de maquinaria agrícola, una vez organizado el cultivo.

DIEZ

En la historia humana el trabajo de avenamiento de los lagos tiene una gran tradición, Así, encontramos relacionado con este hecho algo tan importante como el origen de la cultura egipcia. Efectivamente, fue en las riberas de la depresión de El Fayum, el antiguo lago Moeris, donde se formaron los primeros poblados estables, de los cuales arranca la evolución de esta cultura. El lago Moeris antaño cubría casi toda la depresión, que se encuentra bajo el nivel del mar y que es alimentada por un brazo paralelo al Nilo, el Bahr Yusuf. El trabajo tenaz de los hombres redujo la extensión del lago y puso sus riberas en cultivo. Los pantanos, lagunas y marismas que acompañaban al curso del Nilo que quedaban encharcadas perennemente tras las avenidas, hubieron de ser ganadas por el esfuerzo humano. En la historia mediterránea posterior existe una tradición de drenaje de lagos y pantanos, siempre que ello ha sido posible mediante un simple desagüe, ya que el terreno del fondo de los lagos suele ser de gran fertilidad.

El caso más parecido al de los lagos de Nicaragua es el del lago Copais, en Beocia, drenado a fines del siglo pasado (XIX) y hoy rico vergel de cultivos mediterráneos. Por otro lado, están los terrenos que estuvieron ocupados por lagos en épocas geológicas recientes y que han servido de núcleo en épocas históricas de importante s agrupaciones humanas. Es el caso de Bogotá, cuya importancia está determinada por la fertilidad de su comarca, resto de un antiguo lago; el caso, más notable, si cabe, es el de la ciudad de México, cuyo territorio agrícola fue ganado al lago lentamente, una parte del cual subsiste hoy. La ciudad de México fue la metrópoli de todo el país desde el mismo momento de la ocupación europea gracias a la fertilidad de sus alrededores.

ONCE

El lago de Nicaragua y su anexo el de Managua son un caso excepcional en la geografía terrestre por su extensión, por su clima templado y lluvioso, por su elevación sobre el nivel del mar y su proximidad a él, que permite el descubrimiento de su fondo con facilidad, y también por su posición estratégica en las comunicaciones mundiales, Además, el lago mantendría el sistema lacustre, aunque muy reducido.

Si una parte del lago actual permanece, estando en comunicación directa con el mar, alimentado, a su vez, de abundante materia orgánica por los afluentes de las montañas próximas que seguirían vertiendo hacia él, podría darse un caso parecido al Tonlé Sap de Camboya, excepcional criadero piscícola espontáneo. Las aguas dulces y saladas mezcladas, la abundancia de alimento natural, podrían dar origen a una riqueza piscícola, acrecentada por el hecho de que en la costa del Pacífico americano hay muy pocos estanques de esta naturaleza.

<u>DOCE</u>

Finalmente, el rebajamiento del nivel de lago de Nicaragua al nivel general de los mares sentaría la base de otra posibilidad, que no por lejana debe dejarse de lado: apertura de una vía interoceánica a nivel del mar. Ya vimos que sobre el bajo nivel del lago (32 metros) se fundamentó la posibilidad de una comunicación en tiempos pasados, ya que la altura máxima del paso es precisamente la del lago. Recordemos que el punto más bajo del istmo de Panamá era de 87 metros en el Paso de la Culebra antes de las obras, que lo rebajaron a 28. Ahora bien, el Canal de Panamá discurre por una brecha excepcional y muy angosta. Incapaz la ingeniería de principios del siglo, al carecer de medios mecánicos, de abrir un paso a nivel del Océano, hubo de establecer un complicado dispositivo de exclusas y embalses artificiales para elevar el tráfico hasta 28 metros sobre el mar. Se da la circunstancia de que el espacio en que está instalado el Canal es tan angosto, que transformarlo en una vía a nivel marino parece impracticable y lo mejor sería construir otro paso en otra parte. Podría ser en el mismo istmo de Panamá. Pero podría ser también en el istmo de Nicaragua, de menos altura que aquel, aunque más largo. Para la construcción de una vía interoceánica por el istmo de Nicaragua, el lago, por su altitud sobre el mar, es un obstáculo; en el caso de que se vaciase, el único inconveniente sería su longitud considerable (casi 250 kilómetros), pero con la ventaja de que la excavación del canal y el sostenimiento serían más fáciles que cualquiera que se pudiera abrir a través de las selvas de Panamá. Con los grandes medios mecánicos de que se dispone hoy, esta vía interoceánica sed podría hacer tan amplia como se quisiera; sería un verdadero estrecho marino, de libre navegación, como, por ejemplo, el Bósforo. Se podría construir aquí un canal que correspondiese realmente a las necesidades de nuestra época, una vez eliminado el obstáculo natural que es hoy el lago de Nicaragua.

PROPUESTA:

"Marzo 1983.

Como un trabajo de apoyo a las tareas de esa comisión, tengo el placer de enviarle un estudio sobre Nicaragua que, de ser ciertos los supuestos contenidos en él, contribuiría notablemente a aliviar los problemas de aquel país.

En la esperanza de que este proyecto sea realmente factible, reciba un saludo.

Juan Sanz Sanz."

Llanos de Bolivia y Lago Titicaca

1983

SINOPSIS:

El objeto principal de este proyecto es el territorio, ya en la vertiente amazónica, que forma la parte alta de la cuenca del río Madeira. Aquí las precipitaciones son suficiente para el cultivo de secano, la vegetación no tiene demasiada potencia por lo general y su colonización está dentro de lo posible. Son los Llanos de Mojos, llanura aluvial horizontal entre los Andes y el macizo arcaico brasileño, cuyos límites son los ríos Beni y Guaporé. Estos ríos, junto con el Madre de Dios y el Mamoré, forman un abanico que, al reunirse, dan origen al Madeira. El río se abre paso trabajosamente a través del macizo de fondos duros por medio de raudales y cascadas. Las copiosas lluvias no tienen una salida suficientemente rápida, formando una vasta superficie de inundación en la que los sedimentos finos que arranca de las montañas se depositan, creando una vasta llanura aluvial, rica y profunda. Todos los años una superficie de 120.000 km2 es cubierta por las aguas, que tardan demasiado tiempo en salir debido a la extrema horizontalidad de la llanura y al angostamiento de los cauces más abajo. Esta labor de drenaje es la que la industria humana debiera procurar. Con ello se ganaría para el cultivo aquella vasta región y Bolivia dispondría de una base material más sólida que sus minas para sostenerse.

PROYECTO:

IDEAS PARA UN PROYECTO DE COLONIZACIÓN DE LOS LLANOS DE BOLIVIA. Agosto 1983.

Uno.

La cuestión es que la democracia boliviana fue secuestrada, primero, y restaurada y puesta ahora en unas condiciones de precariedad extrema, Necesita triunfar, si no quiere verse aplastada y destruida. Se trata de una situación extremadamente dramática, en la que un gobierno democrático se ve obligado a triunfar, dentro de un espacio de tiempo muy corto, si no quiere verse destruido. El margen de maniobra es muy pequeño, la situación no permite cambios radicales y las posibilidades que tiene la incipiente democracia de salir airosa de la prueba son bastante problemáticas.

La situación de Bolivia -y de tantos países- se parece mucho a un círculo vicioso, en el que causas y efectos se suscitan y suceden, dando siempre los mismos resultados. La democracia tiene serias dificultades para arraigar en el país porque los condicionamientos están, en buena medida, en contra. Es difícil que la democracia se sostenga cuando no se dan las condiciones naturales para ello. Es necesario que estos condicionamientos cambien, para que la democracia se consolide y tenga una base firme sobre la que sostenerse.

La única manera de romper el círculo vicioso consiste en introducir en él elementos nuevos. Los condicionantes de la sociedad boliviana son, poco más o menos, los mismos del pasado. Sólo han cambiado en los últimos meses los políticos, con el establecimiento de un régimen democrático y un gobierno de mayoría socialista. Pero el trasfondo no ha variado sustancialmente y la política no puede hacer milagros; su capacidad de transformación a corto plazo es muy limitada. Con los elementos en juego, que son casi los mismos del pasado, los resultados no pueden ser muy diferentes. Por eso, es preciso introducir en el juego de factores de la sociedad boliviana nuevos elementos que modifiques radicalmente su estructura. Esta es la propuesta que se ofrece en el presente estudio.

Dos.

La historia boliviana va unida en el pasado al Cerro del Potosí. Otros países de América han tenido este carácter minero, pero no en una medida tan extrema. En otros países, aunque el elemento minero sea el decisivo, se da un mayor equilibrio entre producción agropecuaria y producción minera. Lo que se propone en este estudio es modificar la estructura de la sociedad boliviana, transformándola de minera en agraria.

En las sociedades mineras se suelen dar los fenómenos más extremos de capitalismo salvaje. Los beneficios son mayores que en cualquier otra forma de producción y con capitales más reducidos. Son explotaciones que dependen del azar, dl hallazgo fortuito de un yacimiento. Y precisamente porque el beneficio puede ser tan grande y su logro tan raro, es por lo que se desata un sentimiento peculiar, en algunos casos bautizado con el nombre de "fiebre del oro", que arrasa todos los frenos y barreras, creando un tipo de relaciones sociales y laborales muy especial. En este caso, capitalismo y codicia van unidos. La perspectiva de un gran beneficio y la impunidad que da la ubicación casi siempre remota y aislada de los centros de producción, desatan la codicia y, con ello, la implantación de relaciones económicas y laborales extremas, que en otras formas de producción serían anómalas.

La sociedad boliviana ha vivido sometida a esta situación. Pero, a la vez, la minas, han forzado el poblamiento de regiones donde la existencia humana es poco menos que insostenible. Sin las minas, Bolivia no sería más que una provincia peruana, una prolongación del Cuzco. Son las aglomeraciones surgidas en torno a las minas lo que ha permitido que la nación boliviana exista.

Sin embargo, Bolivia ya no "vale un Potosí", empleando la expresión corriente en lengua española. Su riqueza mineral es residual. Ya no son sus fabulosas minas de plata, soporte del capitalismo europeo durante siglos, la base de su economía. En el remoto cerro argentífero su prodigioso despegue entre los siglos XVI y XVIII. Efectivamente, las inagotables provisiones de metal de plata suministraron buena parte del numerario con que el capitalismo europeo pude desarrollarse. Y es paradójico que, una vez agotadas aquellas minas, sean las taras de éste quienes han sumido al país en la penuria y la desesperación. El capitalismo moderno es, en buena parte, hijo de aquel yacimiento argentífero perdido en los desiertos celestes de la puna boliviana, y no debiera olvidarlo. Sin la superabundancia de moneda que el yacimiento contribuía a proporcionar, la economía europea se hubiera visto extremadamente limitada en sus intercambios y el progreso no hubiera sido el que fue. Son cosas del pasado; pero el pasado está ahí, bajo nuestros pies, aunque lo olvidemos.

<u>**Tres.**</u>

A pesar de ello, sigue siendo la riqueza minera, de otros metales, el soporte de la nación, la base que suscita el proceso de producción que la sostiene. Pero esta riqueza, aunque grande, no es suficiente. Esta insuficiencia se ha manifestado, en primer lugar, en su incapacidad para generar una acumulación de capitales con los que la sociedad boliviana hubiera podido progresar más rápidamente en el pasado. Durante la época colonial aquella riqueza argentífera era sustraída sin más beneficio para el país que los menguados jornales que se pagaban por un trabajo mortífero. Hace siglo y medio que el país es independiente y la situación ha cambiado, aunque sólo en parte. En Bolivia no se desarrolla el conjunto del proceso de producción de su riqueza metalífera, sino tan sólo el comienzo de ella, la fase extractiva. Consecuencia de ello es que los beneficios para la nación son muy magros y el Estado dispone de pocos recursos para su sostenimiento, convirtiéndose en un Estado débil y vulnerable, sometido a constantes perturbaciones.

Si esta riqueza fuera más grande, el Estado boliviano dispondría de mayores recursos para hacer progresa el país. Se da la situación contraria a la de la Unión Sudafricana, cuyas minas de oro y diamantes permiten al Estado disponer de unos recursos con los que puede imponer una situación social que, de otra manera, sería imposible. Y se da la paradoja de que, existiendo en los países de la América de habla española un sentimiento democrático profundamente arraigado, la penuria impide que se materialice en formas políticas concretas, ya que el Estado es débil y no puede transformar la sociedad, en tanto que otros estados, que no quieren ser democráticos, pueden mantener una situación anómala sólo porque los recursos de que disponen son suficientes para imponerla.

La riqueza minera ha acabado convirtiéndose en una servidumbre; no se puede prescindir de ella, pero, a la vez, no proporciona recursos suficientes para que el país progrese. Prueba de ello es la situación que se padece ahora mismo.

Pero no es éste el más grave de los desequilibrios que sufre la sociedad boliviana. La explotación minera es casi exclusivamente la única fuente de riqueza, mientras el país sufre una escasez grave de medios de subsistencia, ya que no los produce porque sus recursos agropecuarios están muy poco desarrollados.

Y esto es lo que se pretende corregir con el proyecto que a continuación exponemos.

Cuatro.

En el continente sudamericano las buenas tierras laborables escasean. Una gran parte de él está ocupada por la selva amazónica, sobre terrenos aluviales, pero poco fértiles, debido al constante lavado de las copiosas lluvias. De Norte a Sur, la cordillera de los Andes fragmenta una parte del continente en compartimentos estancos. Las únicas regiones extensas que se cultivan actualmente son las pampas bonaerenses y las penillanuras paulistas, donde se reúnen los dos factores que generan la actividad agrícola: fertilidad y humedad. No por casualidad han surgido en ellas las dos grandes aglomeraciones urbanas del continente: Buenos Aires y Sao Paulo. Las restantes zonas agrícolas se desparraman en núcleos aislados y de escasa extensión. Dan al continente esa forma típica de poblamiento periférico y discontinuo. En la cuenca del Río de la Plata es donde existen mayores extensiones de tierra cultivable, pero sólo en la región en torno al estuario hay humedad suficiente para que la agricultura sea posible de forma continuada; es la Pampa propiamente dicha. Al Norte de ella, el Chaco recibe lluvias insuficientes. Sólo en la zona de transición entre las vertientes amazónica y platense volvemos a encontrar reunidos los dos factores -fertilidad y humedad- que permiten el desarrollo de la agricultura en gran escala. Esta región es la que interesa y se encuentra en territorio boliviano. Aquí se dan unas condiciones físicas muy parecidas a las Pampas argentinas,

El objeto principal de este proyecto es el territorio, ya en la vertiente amazónica, que forma la parte alta de la cuenca del río Madeira. Aquí las precipitaciones son suficiente para el cultivo de secano, la vegetación no tiene demasiada potencia por lo general y su colonización está dentro de lo posible. Son los Llanos de Mojos, llanura aluvial horizontal entre los Andes y el macizo arcaico brasileño, cuyos límites son los ríos Beni y Guaporé. Estos ríos, junto con el Madre de Dios y el Mamoré, forman un abanico que, al reunirse, dan origen al Madeira. El río se abre paso trabajosamente a través del macizo de fondos duros por medio de raudales y cascadas. Las copiosas lluvias no tienen una salida suficientemente rápida, formando una vasta superficie de inundación en la que los sedimentos finos que arranca de las montañas se depositan, creando una vasta llanura aluvial, rica y profunda. Todos los años una superficie de 120.000 km2 es cubierta por las aguas, que tardan demasiado tiempo en salir debido a la extrema horizontalidad de la llanura y al angostamiento de los cauces más abajo. Esta labor de drenaje es la que la industria humana debiera procurar. Con ello se ganaría para el cultivo aquella vasta región y Bolivia dispondría de una base material más sólida que sus minas para sostenerse.

<u>Cinco.</u>

El aprovechamiento d esta región fértil es un problema de drenaje. Las aguas que bajan de los Andes, la horizontalidad de la llanura, la vegetación de los bosques-galería que siguen los márgenes de los ríos y las "cachuelas" o cascadas que represan los cursos fluviales más abajo, todo contribuye a que la región se encharque, primero, y permanezca inundada más tiempo del natural. El drenaje habría de consistir en rebajar los lechos de los ríos a un nivel inferior al de la llanura y en ampliar estos cauces para dar salida a las aguas más rápidamente. La villa de Trinidad, capital del departamento del Beni, está unos 70 metros más alta que los primeros raudales. Hay, pues, un desnivel considerable que se puede aprovechar. Probablemente, con una simple operación de drenaje, una buena parte de esta llanura aluvial quedaría fuera de la inundación. Desde esta base habría de comenzar la colonización del territorio, que podría completarse en sucesivas fases, con el producto de la puesta en cultivo de este primer espacio rescatado a las aguas.

Esta región limosa y potencialmente agrícola ha sido creada por la inundación. Efectivamente, al encharcarse, las aguas se detienen y los aluviones se depositan. Es preciso que ahora el trabajo humano anule la inundación y aproveche la fertilidad dejada por la Naturaleza a lo largo de los milenios. La extensión de planicie inundada se estima en 120.000 km2 pero la que podría aprovecharse para la agricultura, es imposible saberlo con los medios que se tienen a mano. En el peor de los casos, se trata de un espacio cultivable muy grande, de bastantes millones de hectáreas. En esta región, las precipitaciones son considerables, con lo que la agricultura de lluvia está asegurada, sin necesidad de riego. Por otra parte, no hay estación seca; llueve en todas las estaciones y podrían obtenerse cosechas sin interrupción.

La ejecución de los trabajos de drenaje y desforestación que son necesarios para la puesta en cultivo de esta llanura aluvial parecen más difíciles, a primera vista, de lo que son en realidad. Con los grandes medios mecánicos que hoy se tiene, la obra no está fuera de lo posible. Basta con poner las máquinas a trabajar. Así, por ejemplo, el ejército boliviano se ha dotado en los últimos años, según parece, de considerables medios mecánicos, que en parte podrían ser aprovechados para este fin.

Es sólo una sugerencia, pero de esta forma emularía este ejército al romano, constructor de calzadas, acueductos y ciudades nuevas en territorios antes despoblados. Un ejército no debe luchar sólo contra enemigos potenciales del exterior sino también, si es necesario, contra esos enemigos, mucho más temibles, que son la miseria, la incuria, el atraso y sus secuelas, simbolizados en el Apocalipsis. Son estos los verdaderos enemigos que hay que vencer.

<u>Seis.</u>

Por otro lado, la insuficiencia de recursos propios ha forzado al Estado boliviano, para atender necesidades básicas, a buscar créditos en el exterior a los que con grandes apuros hace frente y le colocan en una situación cercana a la insolvencia. Estos acreedores podrían ser parte interesada en la ejecución de un proyecto que, aunque sea a medio plazo, asegura la efectividad de sus créditos, ahora problemática. Si este proyecto es realizable, no sólo Bolivia resolvería la mayor parte de sus problemas, sino sus atribulados acreedores. La deuda exterior boliviana iguala o supera el producto anual de toda su economía. Es una situación tan arriesgada para el acreedor como para el deudor y ambos deben unir sus esfuerzos en la realización de un proyecto como este, que solucionaría la mayor parte de sus problemas.

La puesta en cultivo de varios millones de hectáreas de tierra fértil (son 12 los que cubre la inundación), no sólo proporcionaría a Bolivia alimentos suficientes y, en general, la satisfacción de las necesidades básicas de sus 6 millones de habitantes, sino que la mayor parte del cultivo podría dedicarse a explotaciones comerciales. Así, el cultivo de algodón podría dar origen al ciclo industrial, y el cultivo del maíz al ciclo pecuario. Todo ello, claro está, a largo plazo, pero sobre esta base. Podría salir Bolivia del nivel económico ínfimo que es la mera producción de materias primas y alcanzar un nivel semejante al brasileño y al argentino actuales, intermedio entre las sociedades subdesarrolladas y las industriales.

Siete.

Tras una primera fase de aprovechamiento de esta llanura aluvial mediante simples obras de drenaje y sobre la riqueza generada, a medio plazo podría iniciarse una segunda fase de aprovechamiento exhaustivo de los recursos de la región.

En primer lugar, el río Beni es la corriente más peligrosa. Limita esta llanura por el Oeste. Es necesario separarla de ella, encerrándolo entre diques.

El sistema fluvial Amazonas-Madeira podría ser, a pesar de su longitud, una salida para los productos y una comunicación directa al Atlántico central. Los buques de 10.000 tn pueden remontar el Madeira hasta Porto Velho, al comienzo del tramo de cascadas, En un trecho de 350 km la navegación está interrumpida. Haría falta construir un gran embalse en las cercanías de esta ciudad a 70 metros de altura, que inundase de forma permanente toda la región de las cataratas y permitiera la navegación sobre ellas. Mediante exclusas se podría ascender desde el Madeira al lago, formando una línea de navegación continua. Además, el caudal del Madeira, que debe ser en este punto de unos 10.000 m3/s aseguraría el suministro de energía a la región.

Por último, si los cultivos en la Llanos de Mojos son posibles con las lluvias constantes de la región. No ocurre lo mismo con las tierras cultivables de los Llanos de Chiquitos, al Sureste de aquellos, en una región más árida. Aquí hace falta el riego y el agua podría llevarse de los ríos andinos desde el Beni al

Mamoré. Si el Beni fuera represado a la salida de las montañas y un canal se derivase por el pie de éstas hacia el Sur, recogiendo las aguas de estos afluentes menores, no sólo se lograría reducir la inundación de la llanura, sino que esta agua se desviaría hacia los Llanos de Chiquitos, que podrían formar un segundo núcleo de colonización, esta vez mediante el riego. Con esto y con la comunicación fluvial con el sistema del Paraguay-Paraná, el dispositivo quedaría concluido y se culminaría el viejo sueño de comunicar los dos grandes sistemas de transporte fluvial del Amazonas y el Río de la Plata.

Correspondencia:

"Septiembre 1986.

Excelentísimo Señor:

Tengo el gusto de dirigirme a Usted para someter a la consideración del Gobierno de la República de Bolivia una propuesta relativa al aprovechamiento agrícola del sistema Lago-Titicaca-Río Desaguadero-Lago Poopó, que, en síntesis, consiste en ahondar el cauce del río Desaguadero, facilitando la salida del lago principal. Con ello se obtendrían los siguientes resultados:

1 Ahondando algunas decenas de metros el lecho del río Desaguadero, gran parte de la extensión del Titicaca se vaciaría, con lo que el espacio -que es difícil desde aquí determinar- quedaría disponible para el cultivo, en una región en la que las lluvias son suficientes.

2 Al reducirse la extensión del lago principal (que quizás quedaría convertido en un conjunto de lagos menores), se reduciría la evaporación que ahora se produce en él (más de un metro al año) y habría más agua dulce, procedente de los ríos que alimentan el lago. Así, el río Desaguadero multiplicaría varias veces su caudal.

3 Dicho caudal de agua dulce - en torno a 500 metros3/segundo podría ser aprovechado para irrigar la región árida cercana al lago Poopó. Si fuera preciso desecar este lago, para cultivar su fondo, bastaría con abrir el cauce temporal del río Lacajahuira, que vierte hacia el Salar de Uyuni.

La diferencia de nivel entre el depósito lacustre más alto y el más bajo es de 150 metros aproximadamente. Parece haber margen de maniobra suficiente para modificar el dispositivo actual en beneficio de la Nación boliviana, Con

300 o 500 metros3/segundo se puede irrigar una extensión de varios cientos de miles de hectáreas, capaces de proporcionar grandes cosechas y aumentar considerablemente el nivel e vida del pueblo boliviano.

Deseándole los mejores éxitos en su gestión política, le saluda atentamente.

Juan Sanz Sanz."

"Noviembre 1987.

Excelentísimo Señor Embajador:

Tengo el placer de enviarle fotocopia de la carta dirigida al Excelentísimo Señor Presidente de la República en La Paz, pidiendo de su amabilidad y atención, se digne iniciar algunas diligencias si lo estima conveniente, para tratar de saber en qué punto se encuentra la propuesta que se contiene en la misma.

Debo aún molestar a Su Excelencia pidiendo su atención hacia el estudio que adjunto de nueve páginas titulado "Ideas para un proyecto de colonización de los Llanos de Bolivia", que encarezco a su tutela para si lo estima adecuado, se envíe a su país, donde lo crea conveniente.

He de informar a Su Excelencia de que éste estudio sobre Los Llanos se encuentra desde que lo realicé en 1983 en Naciones Unidas como fondo cultural.

No quisiera despedirme de Su Excelencia sin haberle dado de antemano las gracias por su atención y pedido excusar por las molestias que pudiese ocasionarle.

Reciba un respetuoso saludo,

Juan Sanz Sanz."

Lago Victoria

1984

SINOPSIS:

La propuesta que nos hemos permitido plantear es la siguiente. Debido a su altitud y al rápido descenso que sigue a continuación, el Nilo Victoria, se podría vaciar fácilmente, ahondando el cauce del Nilo unas decenas de metros. Así casi toda la superficie que cubre actualmente el lago quedaría al descubierto y podría ponerse en cultivo. Los fértiles suelos volcánicos de los países de alrededor han tenido que crear unos sedimentos lacustres muy ricos. Las lluvias en la mayor parte de él son suficientes para una buena cosecha. Con el simple vaciado del gran lago, se podría obtener una cosecha en 7 millones de hectáreas. Esta extensión es suficiente para producir alimentos para el conjunto de los cinco Estados de África Oriental, deficitarios en esta materia.

Mediante la canalización de las aguas de los ríos que forman actualmente el lago se podría obtener una segunda cosecha durante la estación seca, o el cultivo de forma ininterrumpida. Así se crearía un núcleo agropecuario cultivado intensamente, a semejanza de Egipto.

Además, este lago tiene la ventaja de que sus tierras sumergidas pertenecen a varios Estados limítrofes: Tanzania, Uganda y Kenia, que son los que tienen mayores problemas alimentarios y una población ya desproporcionada.

Territorio, población y consideraciones:

El verdadero inconveniente del proyecto sobre el lago Victoria está en la modificación climática que podría provocar en las mesetas. El aire se recarga de humedad al llegar al lago y provoca lluvias considerables en las montañas del entorno. Ahora bien, esto no es más que una teoría sin confirmar completamente. Haría falta saber hasta qué punto se producirían las mismas lluvias o poco menos en las montañas de Ruanda, Uganda y Kenia si el lago no existiera. En las altas montañas llovería de todas formas en enorme abundancia, no es la causa de sus lluvias la evaporación que se produce en el lago Victoria.

El lago, de 70.000 km2, tiene unas pérdidas por evaporación enormes. Si hacemos la comparación entre la cantidad de lluvia total que cae sobre el territorio circundante y la cantidad de aguas que se evaporan del lago Victoria, veremos que hay una enorme desproporción. A *grosso modo* podemos decir que del lago Victoria, según cálculos hechos hace tiempo, se evaporan unos 2.000 m3/s., pero las lluvias que proceden de alrededor representan una cifra notablemente superior.

Ahora bien, donde sí podría tener un efecto notable es sobre la llanura de Uganda propiamente dicha, al Norte del lago. Sin embargo, la mitad meridional del lago es bastante árida, por lo que no se ve que el lago tenga tanta influencia climática, por más que los vientos soplan generalmente de levante y de mediodía. Pero no es esto completamente cierto. Si analizamos detenidamente la cuestión, veremos que la influencia sobre el clima local del lago es bastante escasa. En las llanuras de Uganda llueve más porque se hallan dentro de la línea de convección ecuatorial y son en parte vientos congoleños quienes las humedecen. Hay que precisar bien todos los detalles y llegar a conclusiones seguras.

No vayamos a provocar un desastre climático. En principio, no creo que sea así, perro es necesario comprobarlo.

Y si tal cosa no ocurriera, entonces quedaría el proyecto libre, porque este uno de los dispositivos más simples que ofrece la geografía terrestre. El lago, a 1.1.30 ms sobre el mar, se puede vaciar con extrema facilidad, Los trabajos de aluvionamiento de los ríos, en parte procedentes de territorios volcánicos, han debido dejar un poso fertilísimo. La desecación del lago significaría el cultivo de un territorio de 7 millones de hectáreas que, cultivadas de arroz, por ejemplo, podrían producir 30 millones de toneladas, y cultivadas de maíz, 20 millones. Un granero para países extremadamente depauperados.

Además, este lago tiene la ventaja de que sus tierras sumergidas pertenecen a varios Estados limítrofes: Tanzania, Uganda y Kenia, que son los que tienen mayores problemas alimentarios y una población ya desproporcionada.

PROPUESTA:

"Diciembre 1984

Estimado Señor Presidente.

Tengo el gusto de dirigirme a Usted, como Presidente de la Organización para la Unidad Africana, para someter a la consideración de ese Organismo Internacional una propuesta relativa al aprovechamiento de las posibilidades agrarias del Lago

Victoria, que paso a exponer brevemente.

Como se sabe, el Lago Ukerewe o Victoria es un vasto depósito de agua, de 7 millones de hectáreas y una profundidad máxima de 80 metros, a 1.135 metros de altura sobre el nivel del mar. En realidad, es un gran pantano muy poco profundo, que cubre un territorio muy extenso, cuyo fondo tiene que ser fértil.

La propuesta que nos hemos permitido plantear es la siguiente. Debido a su altitud y al rápido descenso que sigue a continuación, el Nilo Victoria, se podría vaciar fácilmente, ahondando el cauce del Nilo unas decenas de metros. Así casi toda la superficie que cubre actualmente el lago quedaría al descubierto y podría ponerse en cultivo. Los fértiles suelos volcánicos de los países de alrededor han tenido que crear unos sedimentos lacustres muy ricos. Las lluvias en la mayor parte de él son suficientes para una buena cosecha. Con el simple vaciado del gran lago, se podría obtener una cosecha en 7 millones de hectáreas. Esta extensión es suficiente para producir alimentos para el conjunto de los cinco Estados de África Oriental, deficitarios en esta materia.

Mediante la canalización de las aguas de los ríos que forman actualmente el lago se podría obtener una segunda cosecha durante la estación seca, o el cultivo de forma ininterrumpida. Así se crearía un núcleo agropecuario cultivado intensamente, a semejanza de Egipto.

Además, el lago es un vasto campo de evaporación, que hace perder al Nilo gran parte de las aguas que debería llevar. Efectivamente, sale de él con un caudal de 600 m3 cuando debería llevar, al menos, 1.500 m3/segundo. Con ello aumentaría la capacidad de riego del Nilo en la parte inferior de su curso, lo que sería un beneficio considerable para esta parte del Mundo.

El único inconveniente que hallamos es que el lago contribuye a recargar las nubes que llueven sobre las montañas circundantes, con lo que tal vez se produjera un cambio climático, que no podemos medir bien, pero que sería seguramente menos de lo que se piensa. Este es el inconveniente, que sería superado con creces con la ventaja que representa disponer de 7 millones de hectáreas de tierra fértil, en la que podría alojarse la mayor parte de la población de los países de África Oriental.

Si el territorio que cubre actualmente el lago fuera plantado de arroz, por ejemplo, a 4 toneladas por hectárea, la producción podría ser de 30 millones de toneladas. Si se plantase de maíz, de 20 millones de toneladas. Con ello, Tanzania y el resto de los países que circundan el lago dispondrían de recursos alimentarios suficientes. La operación de vaciado es técnicamente sencilla y la puesta en cultivo del fondo emergido podría realizarse con gran facilidad. Sólo sería ganar un gran espacio agrario ahora desaprovechado.

Desde la lejana Europa el Ukerewe es un lago de leyenda, mítico. Pero la necesidad de asegurar la supervivencia del hombre aleja de nosotros todo sentimentalismo. Si este proyecto es factible, está en él la base alimentaria sobre la que pueden sostenerse sólidamente los Estados del entorno.

Le expreso las más vivas muestras de respeto y solidaridad y le envío un cordial saludo.

Juan Sanz Sanz"

Drenaje y cultivo de las Llanuras de Tabasco

1984

SINOPSIS:

Esta franja costera es el más extenso territorio aluvial que tiene México, con una longitud sobre la costa de 600 o 700 kilómetros y una anchura que varía de 50 a 150 kilómetros. La extensión total es de 5 a 6 millones de hectáreas.

Pero las grandes lluvias que caen sobre la región, más las inundaciones de los ríos procedentes de otros territorios que llegan hasta ella, la convierten en un territorio agrícolamente muy deficiente, con grandes dificultades de aprovechamiento.

Sin embargo, en mi modesta opinión, tiene aquí México su mejor posibilidad de solucionar los problemas alimentarios que la aquejan. Este territorio, si fuera cultivado exclusivamente de arroz, podría dar una cosecha de 20 a 30 millones de toneladas. Es esta una razón suficiente para intentar su aprovechamiento.

<u>Territorio y consideraciones:</u>

México.

Aquí nos encontramos con abundante suelo fértil y agua juntos, con un exceso de agua que hay que controlar; la llanura aluvial mexicana tiene unos 5 millones de hectáreas.

Hay una planicie costera entre Veracruz y Cozumel, unos 1.200 kilómetros de longitud, y una profundidad media de 100 km. Así, que tenemos un territorio fértil que aprovechar de 120.000 kilómetros cuadrados, 12 Mha, que podrían llegar a los 15 con un mejor aprovechamiento del Yucatán.

México tiene grandes problemas alimentarios, una población de casi 80 millones de personas (*1984), una situación realmente delicada. Y ello, a las puertas de los EE. UU.

Vemos, pues, que hay tierra cultivable y que aquí se da el mismo problema que en Asita Tropical, donde las grandes lluvias encharcan las tierras bajas, aluviales, las cubren de selvas y pantanos.

Las inundaciones imposibilitan la agricultura. No se puede obtener en la mayor parte de estas tierras bajas y aluviales ni siquiera una cosecha al año. Dos, mucho menos.

Aquí, como ya se ha dicho, se puede aplicar el mismo dispositivo que en Asia Tropical:

Primero, contener los ríos, para impedir las inundaciones, de una parte, y para retener aguas para la estación seca.

Segundo, dejar los cauces inferiores para que sirvan de desaguadero a las lluvias de las regiones bajas.

Tercero, distribuir las aguas por la Llanura baja en la época seca.

El Usumacinta es el mayor río de la zona. La cuenca tiene 102.000 kilómetros cuadrados. Con lluvias medias de 1.500 en el valle medio y alto, aunque su caudal es relativamente modesto de 1.000 a 1.500 m3.

Según Vidal de la Blanche, se ha podido establecer el escurrimiento de los ríos mexicanos, que es el siguiente:

Vertiente del Pacífico, 84.000 Mm3/año, 2.600 m3/s., 70%

Vertiente del Atlántico, 210.520 Mm3/año, 6.700 m3/s., 28%

Interiores, 6.500 Mm3/año, 180 m3/s., 2%

En las planicies costeras de la zona tropical los suelos son de buena calidad, profundos, vírgenes, en gran parte cubiertos de bosques y chaparrales en las zonas menos húmedas.

La Península del Yucatán casi carece de suelo, por lo que la agricultura apenas se practica.

La región costera necesita del avenamiento para su utilización. También los aluviones costeros de la región extra tropical son profundos y fértiles; aquí el riego es imprescindible.

El río Papaloapan desemboca unos 50 kilómetros al SE de Veracruz; tiene una longitud de 420 kilómetros. Junto a la desembocadura se le une el San Juan, de 210 kilómetros. Este último río atraviesa la llanura palustre entre la sierra de San Martin de Tuxla y la meseta. El Papaloapan tiene un valle intramontañoso entre la Sierra de los Mixtecas y la Madre de Oaxaca. Las lluvias caen abundantemente en ésta última (de 2 a 3 ms), en tanto que en el valle de Tehuacán encontramos una comarca árida, con lluvias que bajan a 400l.

En el Yucatán llueve de mayo a octubre, entre 1 a 2 ms.

En primer lugar, en estas llanuras llueve lo suficiente para que sea posible un cultivo durante la estación de lluvias, en verano. El problema es la abundante selva, que habría que desforestar, y el exceso de agua rebalsada en la parte baja. Así que la primera labor consistiría en poner en cultivo la llanura baja para la estación lluviosa. Para ello hacen falta tres cosas:

Primero. Substituir el bosque por campos de cultivo.

Segundo. Dar salida a las aguas de los pantanos.

Tercero. **Retener las inundaciones de los ríos.**

La región aluvial de las llanuras del Golfo, se dividen en dos tramos, separados por la sierra de Tuxla: una en Veracruz y otra en Tabasco-Campeche. La primera tiene 200 km de frente sobre la costa y 50-60 de profundidad: una extensión de 10.000 km2, 1 Mhas. La segunda es mayor, con un frente de 300 km y una profundidad media de 100; es decir, 30.000 km2, 3 millones de hectáreas. En conjunto, esta doble llanura baja, aluvial, tiene unos 4 millones de hectáreas aprovechables en su integridad.

Para 30.000 km2 y teniendo en cuenta que una primera cosecha sería realizada por las lluvias abundantes de la región, con 1.000 m3/s es suficiente, que les aseguran un riego de 1 m3/m3. Es evidente que, con el agua del Usumacinta, del Grijalva, etc, basta, porque no se trata de poner en cultivo un territorio árido y regar dos veces al año, sino sólo una, ya que la otra lo hacen las lluvias.

El problema más complejo se tiene en Yucatán, donde se dice que no hay suelo, por lo que la agricultura no se practica. Pero sí hay vegetación lujuriosa, allí donde las lluvias son abundantes. Por tanto, existe una descomposición de las calizas superficiales, que permiten la existencia de la selva.

PROPUESTA:

"Diciembre, 1984.

Estimado Señor:

Tengo el placer de dirigirme a Vd. Para someter a la consideración del Gobierno de los Estados Unidos Mexicanos una propuesta o sugerencia relativa al aprovechamiento agrícola de los territorios aluviales de la costa meridional del Golfo de México, que en síntesis consiste en lo siguiente;

Esta franja costera es el más extenso territorio aluvial que tiene México, con una longitud sobre la costa de 600 o 700 kilómetros y una anchura que varía de 50 a 150 kilómetros. La extensión total es de 5 a 6 millones de hectáreas.

Pero las grandes lluvias que caen sobre la región, más las inundaciones de los ríos procedentes de otros territorios que llegan hasta ella, la convierten en un territorio agrícolamente muy deficiente, con grandes dificultades de aprovechamiento.

Sin embargo, en mi modesta opinión, tiene aquí México su mejor posibilidad de solucionar los problemas alimentarios que la aquejan. Este territorio, si fuera cultivado exclusivamente de arroz, podría dar una cosecha de 20 a 30 millones de toneladas. Es esta una razón suficiente para intentar su aprovechamiento.

Por ello, la propuesta que me permito plantear consiste en facilitar la salida de las aguas, ampliando y ahondando los cauces fluviales ahora existentes, y reteniendo las avenidas de los ríos foráneos a la salida de las montañas. Con ello se lograría avenar y dejar libre de las inundaciones la mayor parte de las tierras, que quedarían listas para el cultivo.

Se trata de una obra considerable -pero técnicamente factible- y los resultados que se obtendrían de su ejecución serían de valor inapreciable para el vigoroso Estado mexicano, que necesita una base agraria muy firme con que atender a las crecientes necesidades alimentarias de una población superabundante y cuyo desarrollo industrial no puede verse trabado por la exigencia de cubrir, en parte, ese déficit a través de terceros países.

Además, las grandes lluvias locales permitirían obtener una cosecha durante la época estival y la retención de las aguas de los ríos otra durante la estación seca, e incluso el cultivo de forma constante.

Con la esperanza de que las ideas expuestas puedan ser de utilidad, le envío un cordial saludo.

Juan Sanz Sanz"

Nilo Blanco

1983

SINOPSIS:

África es un continente antiguo, de terrenos duros, en el que las buenas tierras escasean. Hay pocos espacios aluviales profundos. El mayor se encuentra en la cubeta del Chad. Hay otro en el Níger medio y éste del Bahr el Gazal-Nilo Blanco, que debe tener una extensión de tal vez 100.000 km2, aproximadamente el espacio que ocupan los pantanos en la actualidad. Estas buenas tierras tienen un valor inapreciable. Como aquí las lluvias son de entre 500 y 1.000 litros, con una estación lluviosa y otra seca, se podrían establecer cultivos de lluvia, en secano. Esto sería para la República del Sudán, país superpoblado y de baja capacidad alimentaria, una ayuda inestimable. En la actualidad esta región de aluviones se encuentra deshabitada, lo que facilitaría su colonización.

Si realmente estos pantanos pudieran ser drenados por el procedimiento de ahondar el lecho del Nilo Blanco más debajo de ellos, las consecuencias que esto reportaría serían realmente notables.

Pero la ventaja más notable que produciría la desecación de los pantanos serían la recuperación de las aguas que en ellos se pierden. Este volumen de agua, que hemos calculado en 2.000 m3/s duplicaría el caudal del Nilo en el curso inferior. Con ello, la capacidad de riego y de producción hidroeléctrica también se duplicaría.

PROYECTO:

APROVECHAMIENTO INTEGRAL DE LAS AGUAS DEL NILO BLANCO Y SUS REPERCUSIONES EN LOS PAISES DE LA ZONA.

Uno.

Como se sabe, el Nilo está formado por dos grandes ramas, que se reúnen en Jartum: El Nilo Azul, procedente de las montañas de Etiopía, y el Nilo Blanco, de las montañas de Ruanda. Visto en conjunto, el Nilo es uno de los mayores ríos del mundo por su longitud y por la extensión de su cuenca, pero no así por su caudal, que en Egipto apenas llega a 2.000 m3/segundo; es decir, poco más o menos como el Rhin. Como el Nilo atraviesa en la mitad inferior de su

221

curso el Sáhara; se podría creer que la causa de su escaso caudal en relación con su cuenca es debido a que se trata de un río que todo él discurre por países desérticos, de poca lluvia. Sin embargo, no es así; llueve abundantemente en la mitad meridional de su cuenca -en las montañas etíope, en el Sudán meridional, en la región de los Grandes Lagos. Por el curso del Nilo discurren abundantes lluvias monzónicas de África Tropical. Su caudal debería ser varias veces el que llega a ser y esto requiere una explicación.

Por otro lado, casi todas las aguas del Nilo en Egipto proceden del Nilo Azul. Las crecidas de este río son enormes, llegando a 7.500 m3/s en septiembre, en tanto que en los meses de estiaje de invierno y primavera apenas lleva agua. El Nilo Azul es quien mantuvo las oscilaciones de inundación fertilizante y sequía durante la cual se cultivaba que fue la característica principal de Egipto hasta la construcción de la presa de Assuan. El Nilo Blanco, que tiene en verano una crecida bastante modesta, mantiene durante el estiaje un caudal relativamente regular, que compensa en parte el gran estiaje del Nilo Azul.

Pero tropezamos con el hecho sorprendente de que el Nilo Blanco, que aporta a Egipto sólo la tercera parte del agua que hasta allí llega, es un río mucho más largo, de cuenca mayor y más lluvioso que el Azul. En la confluencia de Jartum el brazo etíope aporta 7.500 m3/s de crecida y 180 en estiaje, mientras el brazo que procede del lago Victoria lleva 1.040 m3/s en crecida y 380 m3/s en estiaje. El Nilo Blanco tiene una longitud de más de 3.000 km, entre las montañas de Ruanda y Jartum; su cuenca es de un millón largo de km2 y en la mayor parte de ella llueve bastante. En las montañas donde tiene sus fuentes las lluvias son excepcionales en algunos sitios. Aquí tiene la potencia suficiente para crear y sostener el enorme lago Victoria, cuya agua ha de ser renovada constantemente a causa de las pérdidas por evaporación. Sale de este lago con un caudal de 600 m3/s. Al llegar a las marismas del Sudán meridional, su caudal se ha duplicado. Estas marismas reciben las aguas del Nilo Blanco, pero también las de la cuenca de Bahr el Gazal, que es alimentada por abundantes lluvias en las montañas fronterizas al Congo.

Y aquí es donde se produce el fenómeno que es la clave de nuestro proyecto.

Dos.

El Sudán meridional forma una vasta cuenca plana, con muy poco desnivel, cuya única salida es el Nilo Blanco en dirección a Jartum. Se trata de una llanura aluvial, cubierta de pantanos, en la que las aguas que llegan a ella se detienen, estancan y evaporan en su mayor parte. Esta es la causa por la que el Nilo de los Grandes Lagos entra en los pantanos con un caudal de más de 1.000 m3/s y sale con mucho menos. Pero al caudal del Nilo hay que añadir las aguas que caen en la propia cuenca, sobre todo las que proceden de las montañas que la separan de la cubeta del Congo. Estos pantanos cubren una extensión de alrededor de 100.000 km2 y son alimentados por este conjunto de ríos.

En los países tropicales el fenómeno de la evaporación actúa con extremada potencia, haciendo perder entre metro y medio y más de dos metros al año a cualquier superficie acuática. En toda la enorme extensión de los pantanos se pierde cerca de dos metros de agua por evaporación en el conjunto del año, produciendo oscilaciones en la extensión y profundidad de las marismas. A pesar de ello, queda un resto de pantanos perennes muy extenso. A través de cálculos bastante sencillos, se llega a la conclusión de que l Nilo Blanco y sus afluentes en la cuenca del Bahr el Gazal pierden por evaporación un caudal equivalente a más de 2.000 m3/segundo -que es tanto como lleva el Nilo en Egipto- y sale de ellos con un caudal conocido en Jartum: 1-040 m3 en crecida y 380 en estiaje< Pero las aguas de crecida del Nilo Blanco no proceden, en realidad, de los pantanos, sino del Sobat, río atípico como el Nilo Azul, que se junta al Nilo Blanco justamente en el punto en que terminan los pantanos y comienza éste su curso solitario en dirección a la capital sudanesa. Por esta razón, el Nilo Blanco propiamente dicho, que no es más que un desaguadero de los pantanos, saca de éstos un caudal bastante reducido, que debe ser aproximadamente su caudal de estiaje: 380 m3/s. Es una cantidad irrisoria en relación con las lluvias recibidas por su cuenca y que expresa la magnitud de la evaporación que se produce en las marismas de más arriba. Aquí se pierden entre 2.000 y 3.000 m3/s. Y este caudal de agua es el que el ingenio humano debería intentar rescatar.

Tres.

A lo largo de la Historia, las marismas del Bahr el Gazal han sido un obstáculo formidable para los viajeros: una llanura horizontal, cubierta de papiros y ambach, sin cursos definidos, de más de 500 km de longitud y en la que no era posible aprovisionarse, mantuvo hasta el siglo pasado ignotas fuentes del Nilo. Estando dentro del área de irradiación de la más vieja cultura, los países situados al otro lado de los pantanos permanecieron extraños a ella. Hace poco más de un siglo los europeos descubrieron definitivamente las fuentes del Nilo, pero no remontando el río, sino alcanzando los Grandes Lagos desde la costa oriental y descendiendo luego por él. Así que nos hallamos ante un hecho físico que ha tenido en la historia repercusiones nada desdeñables. Peor, a su vez, el gran pantano le priva a Egipto de la mitad de su agua, puesto que muy poca de la que contiene llega hasta él.

Cuatro.

La desecación de estos pantanos es, a primera vista, un problema bastante dificultoso. El desnivel es muy pequeño y resulta difícil hacer discurrir el agua sin que se estanque. El nivel medio sobre el mar de esta planicie acuática es de 450 metros. Jartum se encuentra a 388 metros. Hay un desnivel de 70 metros aproximadamente, En las cercanías de Malakal terminan los pantanos, y se reúnen las aguas del Nilo, del Bahr el Gazal y del Sobat. A partir de aquí el Nilo Blanco no recibe ya afluentes perennes. Para conseguir que las aguas de esta región no se empantanasen, habría que aprovechar el desnivel que existe más abajo, ahondando los cursos fluviales y situando en un punto inferior en varios metros el fondo de los lechos. A su vez, estos deberían ser ampliados, pera recibir caudales de agua mayores que en la actualidad.

El fondo de la cuenca son aluviones profundos, que ocupan una gran extensión y acompañan el curso del Nilo desde la salida de éste de las montañas de Uganda hasta aproximadamente el punto en que corta el río el ferrocarril que une la capital con las provincias meridionales. Es precisamente este subsuelo de aluviones el que motiva la extrema horizontalidad de la llanura. Aún así, existe un desnivel que podría ser aprovechado. Al Norte de subsuelo aluvial, en dirección a Jartum, el río comienza el cruce de fondos duros, generalmente areniscas, a través de los cuales se abre paso trabajosamente. Si tomamos como punto de referencia para el rebajamiento del nivel del lecho fluvial la altitud de Jartum, sería en el tramo de fondos duros que hay entre la línea del ferrocarril y Jartum donde se habría de hacer un trabajo realmente difícil y costoso. En el tramo sobre fondos aluviales la obra sería mucho más sencilla, una especie de dragado.

No es mi propósito entrar en detalles sobre asuntos en los que no soy especialista, sino mero aficionado. Estas conclusiones se desprenden de la simple observación de los mapas y, tal vez, vistos los problemas con más detalle, las conclusiones resultaran enteramente opuestas. Lo que sí parece evidente es que, ahondando el lecho del Nilo Blanco entre Malakal y Jartum, los pantanos se vaciarían, los lechos fluviales de más arriba, sobre terreno aluvial, tomarían forma, y las aguas que llegaran de las lluvias posteriores no se estancarían ya. Con ello, se obtendría la doble ventaja de impedir que las marismas fueran el vasto campo de evaporación que son hoy, haciendo perder a los ríos que a ellas llegan casi todo su caudal, y, al mismo tiempo, se dejaría al descubierto un terreno aluvial profundo y rico, que podría ser cultivado. La mera posibilidad de que esto sea así es motivo suficiente para que se averigüe hasta qué punto es cierto.

En tiempos geológicos recientes las marismas tenían salida y fueron captadas por un afluente del Nilo Azul, formándose el desaguadero de los pantanos que hoy es el Nilo Blanco. De esta manera la industria humana no haría más que terminar el trabajo que viene realizando el río desde hace miles de años.

Cinco.

Si realmente estos pantanos pudieran ser drenados por el procedimiento de ahondar el lecho del Nilo Blanco más debajo de ellos, las consecuencias que esto reportaría serían realmente notables.

África es un continente antiguo, de terrenos duros, en el que las buenas tierras escasean. Hay pocos espacios aluviales profundos. El mayor se encuentra en la cubeta del Chad. Hay otro en el Níger medio y éste del Bahr el Gazal-Nilo Blanco, que debe tener una extensión de tal vez 100.000 km2, aproximadamente el espacio que ocupan los pantanos en la actualidad. Estas buenas tierras tienen un valor inapreciable. Como aquí las lluvias son de entre 500 y 1.000 litros, con una estación lluviosa y otra seca, se podrían establecer cultivos de lluvia, en secano. Esto sería para la República del Sudán, país superpoblado y de baja capacidad alimentaria, una ayuda inestimable. En la actualidad esta región de aluviones se encuentra deshabitada, lo que facilitaría su colonización.

Seis.

Pero la ventaja más notable que produciría la desecación de los pantanos serían la recuperación de las aguas que en ellos se pierden. Este volumen de agua, que hemos calculado en 2.000 m3/s duplicaría el caudal del Nilo en el curso inferior. Con ello, la capacidad de riego y de producción hidroeléctrica también se duplicaría.

En el enorme embalse de Assuan, la evaporación produce la pérdida de varios cientos de metros cúbicos por segundo de agua. Con ello, la capacidad de riego del Nilo en Egipto queda bastante mermada. Sin embargo, era inevitable construir un estanque tan grande porque Egipto necesitaba energía con que electrificarse y en aquellos tiempos sólo podría sacarla del río. Para esto hubo de elevar el dique más de 100 metros, motivando un estanque de agua realmente excesivo. El agua que llegase del Nilo Blanco no sufriría este hándicap. Posiblemente duplicase con creces la capacidad energética de la estación hidroeléctrica.

A su vez, los riegos de Egipto y los del Nilo Azul, junto a Jartum, podrían ampliarse considerablemente, aumentando la capacidad alimentaria y la producción de materias primas agrícolas para la industria. Quizas se terminase ese dilema que tienen tantos países superpoblados entre emplear sus tierras cultivables para producir alimentos o emplearlas para obtener materias agrícolas con fines comerciales. Tal vez estos países, con mayores extensiones irrigadas, no verían como sus cultivos d algodón o de naranjas, que necesitan para obtener dividas, impedían la producción de alimentos que la población necesita para subsistir.

Egipto es un caso de extrema superpoblación. La angostura del valle por el que discurre el Nilo impide que en la mayor parte del curso los riegos pudieran ser ampliados. Estos nuevos riegos no tendrían que establecerse necesariamente sobre terrenos aluviales como los ribereños al río. El agua hace milagros, hasta en terrenos poco fértiles en apariencia, y los abonos artificiales pueden hacer el resto. La ampliación de los riegos podría llevarse a cabo en la región costera, a ambos lados del delta, prolongándose hacia el Oeste, ya que a partir de El Alamein la costa es acantilada, por las depresiones, por bajo del nivel del mar, que hay al Sur de Marmórica, en dirección a la frontera libia. Aunque el fondo de estas depresiones es cenagoso y salobre, tal vez podrían ser cultivadas con algunos trabajos previos.

Siete.

Como la capacidad de riego de las nuevas aguas del Nilo Blanco excederá, posiblemente, la extensión de las tierras que pudieran ser puestas en cultivo eficazmente en Egipto y Sudán, nos encontraremos en ese caso con un excedente de agua que podría ser empleadas para un fin de gran transcendencia en nuestros días: sentar una base material sólida para la pacificación de los países del Próximo Oriente *(*1983)*.

En efecto, entre los múltiples problemas que tienen aquellos países, tal vez el más grave y profundo sea la falta de agua. Sin agua no pueden producir alimentos, ni pueden funcionar las industrias ni existir las aglomeraciones urbanas.

Si se carece de esta base, todo lo demás no puede dar con plenitud. La falta de agua provoca una situación de precariedad en aquellas sociedades que las hace vulnerables a todo tipo de conflictos. Son como un cuerpo débil -deshidratado- en el que las calamidades se ceban. El agua nilótica excedente bien podría servir para remediar su mal. Todos estos países producen menos alimentos de los que necesitan y el desenvolvimiento de sus industrias se ve limitado por la falta de agua. Carente aquellos Estados de una base firme, son fácil presa de los intereses de terceros países, juguetes en manos de quienes les ayudan a sostenerse, ya que pos sí mismos no son capaces. Todos estos países dependen de la ayuda exterior; no se bastan a sí mismos. Sin esta ayuda exterior, pronto entrarían en una situación realmente dramática. Este sostenimiento es muy costoso para quienes lo mantienen y, aunque desde el punto de vista político no deja de tener sus ventajas para ellos, no hay duda de que lo que cuesta a USA, URSS y los países petroleros árabes es una cantidad tan exorbitante al año, que la ejecución de este proyecto representaría un alivio, ene l caso de que sea realmente factible; es decir, que se pueda recuperar ese gran caudal de agua de las marismas del Sudán Meridional.

Ocho.

Un gran canal de riego podría derivarse del Nilo en las proximidades del Cairo, atravesar el desierto de Sinaí, llegar a la costa filistea y por la depresión del Yezreel, penetrar en el Ghor, el valle del Jordán, irrigándolo. El agua de este río fue desviada hacia la costa por los israelitas y este es uno de los grandes motivos de conflicto. Ahora se podría irrigar la costa palestina y la depresión, implicando en el proyecto a Israel y Jordania. Por otro lado, se podría aprovechar el agua no sólo por gravedad -es decir, vertiéndola más abajo del caudal- sino por elevación, ya que en los países mediterráneos la elevación de 100 o 200 metros del agua no resulta onerosa. Así podría fecundizar también la parte meridional del Líbano. Si el agua pudiera llegar hasta Siria en abundancia, la solución serán redonda, aunque este país no tiene ese problema, ya que el Éufrates y el Orontes le dan de beber.

Nueve.

Por otro lado, si la expansión de los riegos egipcios se hiciera por las depresiones al Oeste del Delta, y se llegar de esta forma a la frontera libia, tendríamos la base para resolver otro problema. Libia es posiblemente el país más sediento. Sin ríos permanentes, con lluvias regulares sólo en una pequeña parte del territorio, sufre un déficit de agua realmente acusado, que se trata de paliar con perforaciones cada vez más profundas o plantas potabilizadoras que producen agua a precio de oro. Pero Libia no sólo necesita agua para beber y cultivar, sino para el desenvolvimiento de su industria petroquímica. Mientras no disponga de agua suficiente, Libia no podrá dotarse de una industria petroquímica y sacar, de esta manera, el máximo provecho a los recursos de sus yacimientos, como han hecho Argelia y Venezuela. Podría ser este país, de considerable capacidad financiera, parte muy interesada en la ejecución de este proyecto, que le permitiría dar un gran paso adelante. A su vez, esta agua recibida por Libia desde Egipto sería un factor estabilizador, al crear una interdependencia entre los dos Estados, con lo que los motivos potenciales de un conflicto disminuirían.

Diez.

Finalmente, tropezamos con el problema más agudo de cuantos ocurren hoy en esta parte del mundo: el problema palestino *(*1983)*. En buena parte tiene su origen en la disputa por las tierras y por el agua. Los palentinos han sido desposeídos en gran número de sus tierras y se han visto forzados a emigrar, bien hacia otros territorios palestinos, donde forman aglomeraciones muy densas, bien al extranjero. Si mediante la traída de agua para el riego de extensas zonas de Israel y Jordania se lograses suscitar una mejora general, los palestinos -refugiados o no- se beneficiarían también de ello. Se acabaría así con una situación anómala, dramática, que a su vez es la bese para que surjan nuevos conflictos periódicamente. Habría sitio para todos. Así, asistimos en Palestina a una agria disputa por un lugar bajo el sol, en la que se impone el que momentáneamente es más fuerte.

Estamos convencidos de que la interdependencia creada entre los países de esta zona por el aprovechamiento común de las aguas sobrantes del Nilo -en el caso, repito, de que este proyecto sea realmente factible- serían un poderoso factor de estabilización. Creemos que las sociedades musulmana y hebrea no son antagónicas; han coexistido durante muchos siglos y pueden seguir haciéndolo. Hace falta, para ello, resolver los problemas de fondo, que no se den situaciones en las que la supervivencia de uno depende de la aniquilación del otro. Es necesario encontrar el equilibrio, la estabilidad.

Once.

Por último, no terminan aquí las posibilidades de aprovechamiento del Nilo. Esta es sólo la primera fase, a partir de as aguas recuperables de los pantanos del Sudán Meridional, proyecto que sólo puedo ofrecer en teoría y cuya realidad habrán de ser los especialistas quienes la determinen.

Si las marismas del Bahr el Gazal son un vasto campo de evaporación, cuya corrección ya hemos visto las consecuencias que reportaría, no lo es menos el lago Victoria, con sus casi 70.000 km2, en el que se pierde por la misma causa un caudal de agua que no es inferior a los 2.000 m3/s que seguramente podrán obtenerse de las marismas. Para ello es preciso realizar una obra que, a primera vista, parece inconcebible: la desecación del gran lago. Con ello, se obtendrían, como en el Bahr el Gazal, dos cosas: una gran extensión de tierra cultivable en el fondo del lago y un caudal de agua muy notable que, junto con el obtenido más abajo, triplicaría el caudal actual del Nilo. El lago Victoria es poco profundo y está a gran altitud. Para vaciarlo, bastaría con ahondar el Nilo que le sirve de desaguadero en 30 o 40 metros. Puede que se produjera una pequeña modificación en el clima, pero el beneficio de disponer de esa gran extensión de tierra, en torno a la cual están países con problemas tan graves de superpoblación como Uganda, Burundi, Ruanda, Kenia y Tanzania, contrarresta cualquier objeción. Lo que hace algunos años parecía inconcebible, hoy puede ser necesario y mañana inevitable.

PROPUESTA:

"Abril 1983.

Sr Presidente.

Tengo el gusto de dirigirme a usted para someter a la consideración de la Comisión Norte-Sur una idea que, a primera vista, parece interesante: el aprovechamiento hidráulico integral del Nilo, que ahora sólo se utiliza en poco más o menos la mitad. Efectivamente, las aguas del Nilo Blanco se empantanan y evaporan en su mayor parte en las marismas del Bahr el Gazal. Si estas aguas, que seguramente tienen casi tanto volumen como las que discurren por Jartum hacia el mar, no se perdieran por evaporación, sino que tuvieran salida y pudieran ser aprovechadas para el riego y, además, se ganase para el cultivo el enorme espacio aluvial que hoy cubren, las consecuencias económicas para los países de la zona no serían nada desdeñables.

Con el deseo de que lo que en el proyecto se expone se ajuste a la realidad, reciba un cordial saludo.

Juan Sanz Sanz"

Río Congo

y

Lago Chad

1986 y1987

SINOPSIS:

Para que las aguas del río Congo fertilicen las llanuras situadas al Norte, propongo los siguientes trabajos:

Retención de las aguas del río Congo inmediatamente arriba de Kinshasa, mediante un dique de 70 metros de altura, que crearía un lago artificial de más de 300.000 kilómetros cuadrados de extensión, elevando el nivel de las aguas hasta la ciudad de Bangui.

Apertura de una brecha a través del Acrocoro de Asande.

Distribución de las aguas por las llanuras del Sahel.

Y, la propuesta que hacemos para el Chad, consiste en dar forma y ahondar el antiguo desaguadero de Bahr el Gazal, para que las aguas de la inundación se depositen definitivamente en la Depresión del Bodelé, en lugar de hacerlo en el Lago Tchad.

PROYECTOS:

IDEAS PARA UN PROYECTO DE DESVIACIÓN DE LAS AGUAS DEL RIO CONGO HACIA LAS LLANURAS SAHELIANA.

Se me permitirá exponer algunos hechos elementales, sobradamente conocidos pero necesarios:

1 El río Congo es un gigante estéril. Con un caudal de más de 40.000 m3/segundo, el segundo el mundo, apenas sirve para nada.

Aislado del mar, interrumpido su curso y el de sus afluentes por varias líneas de cascadas, atraviesa regiones selváticas y pantanosas muy poco saludables.

2 Las llanuras del Sahel, en el límite del desierto, sufren, no sólo falta de lluvias abundantes, sino extremada irregularidad climática. Pero hay en ellas extensiones enormes de tierras cultivables.

La propuesta que tengo el gusto de plantear consiste básicamente en la conjunción de dos elementos complementarios: la cuenca del Congo y las llanuras sahelianas. En la primera el agua sobra y en la segunda falta. La primera es casi estéril desde el punto de vista agrícola y la segunda dispone de enormes extensiones de tierra cultivable. Para que las aguas del río Congo fertilicen las llanuras situadas al Norte, propongo los siguientes trabajos:

1.   Retención de las aguas del río Congo inmediatamente arriba de Kinshasa, mediante un dique de 70 metros de altura, que crearía un lago artificial de más de 300.000 kilómetros cuadrados de extensión, elevando el nivel de las aguas hasta la ciudad de Bangui.

2.   Apertura de una brecha a través del Acrocoro de Asande, que separa las cuencas del Congo y el Chari, utilizando los explosivos de extraordinaria potencia que existen en la actualidad y otras técnicas ultramodernas.

3.   Distribución de las aguas por las llanuras del Sahel, básicamente de la siguiente forma: a) Aprovechar la pendiente natural del sistema Río Chari-Lago Chad-Depresión de Bodelé, para irrigar la mayor parte de la cubeta del Chad,

hasta los límites del Tibesti (aquí se encontraría el principal núcleo de cultivo). b) Como la salida de las aguas del Congo a la vertiente septentrional estaría a una altitud sobre el mar de 350 metros, la misma que la de Bangui, una parte de las mismas, mediante un canal que mantuviera dicha altitud, podría dirigirse hacia el Oeste a través de Nigeria Septentrional, bordeando por el Norte e Arco del Níger, etc. c) Desviación de una parte de las aguas del Congo hacia el cauce del Benué, río navegable, que permitiría el acceso desde el mar hacia el gran lago del Congo.

Las consecuencias de todo ello podrían ser las siguientes:

1. El caudal del río Congo es de 43.000 metros cúbico/segundo. Se puede extraer de él tanta agua como

haga falta, la suficiente para irrigar las extensiones que se deseen hacia el Norte, en la cuenca del Chad.

2.   La estación hidroeléctrica junto a Kinshasa daría a este país cuanta energía pudiera necesitar en mucho tiempo.

3.   El gran lago central estaría comunicado por el mar a través de los canales y el río Benué-Níger inferior. El interior del Congo dejaría de estar completamente aislado, tanto la República del Zaire ahora pantanosa y casi deshabitada en el territorio que ocuparía el lago, como la República Centroafricana.

4.   El canal de riego y navegación hacia el Arco del Níger permitiría crear en territorios de Camerún, Nigeria, Níger, Mali, Mauritania, una serie de espacios irrigados, que

resolverían definitivamente el problema del hambre en esta parte del mundo.

Las dificultades son las siguientes:

1. Obra colosal, exigiría enormes inversiones, que los países interesados están muy lejos de poder realizar.

2. La República del Zaire vería inundado un espacio de 350.000 kilómetros cuadrados, aproximadamente la séptima parte de su extensión total. Pero, se trata de un espacio que, a causa de la enorme potencia del río, ahora le es muy poco útil. Por el contrario, ganaría una gran fuente de energía y, sobre todo, un espacio de navegación interior, equivalente a los Grandes Lagos de América del Norte, comunicado, como éstos, con el mar.

PROPUESTA

<u>**APROVECHAMIENTO DEL SISTEMA HIDRAULICO DEL LAGO CHAD.**</u>

"Noviembre, 1986.

Estimado Señor Ministro:

Tengo el placer de dirigirme a Usted, para someter a la consideración de su Gobierno una propuesta o sugerencia relativa al aprovechamiento de los recursos hidráulicos y agrícolas del sistema del Lago Chad. Vivamente impresionado por el enorme esfuerzo que Francia está haciendo por alcanzar una solución estable y duradera para el atribulado país centroafricano, y consciente de que ésta no será posible mientras no exista allí una base material firme, me he permitido sugerir esta posibilidad, que paso a exponer brevemente.

Como se sabe, en el Lago Tchad se depositan las aguas de

una vasta red fluvial, cuyos principales cursos son el Chari, el Logone y el Komadugu. Este lago no es sino el resultado de una gran inundación estival, que cubre también vastos territorios en el curso medio de los ríos. Pero el lago Chad no ocupa el punto más bajo de la depresión, sino que ésta se encuentra en el Bodelé, 300 kilómetros al Noreste. En épocas más lluviosas que la actual, las aguas del Lago Tchad vertían hacia el Bodelé por medio del curso, hoy seco, del Bahr el Gazal. El Tchad es un simple pantano, de extensión variable, con profundidad máxima inferior a 10 metros y a una altura sobre el mar de 280 metros aproximadamente. Por el contrario, la Depresión de Bodelé tiene una vasta extensión por bajo de los 200 metros sobre el mar. Por tanto, las aguas del Tchad podrían ser fácilmente decantadas hacia el Bodelé.

La propuesta que hacemos consiste en dar forma y ahondar el antiguo desaguadero de Bahr el Gazal, para que las aguas de la inundación se depositen definitivamente en la Depresión del Bodelé, en lugar de hacerlo en el Lago Tchad.

Ahondando los cauces fluviales y dando salida a las aguas, las tierras pantanosas quedarían libres de la inundación y podrían ser puestas en cultivo. En primer lugar, la extensión que cubre el Lago Chad actualmente. Al tener un punto más bajo, las aguas de la inundación no se estancarían ya, sino que podrían ser aprovechadas para el riego en la parte que fuera necesaria.

Con esta simple operación de drenaje se ganaría para el cultivo un gran espacio aluvial. Las aguas desviadas hacia el Bodelé podrían dar origen a una segunda región irrigada, puesto que sólo una parte de la depresión estaría ocupada por el estanque definitivo de las lluvias de toda la cuenca. Así se obtendría una primera cosecha durante la época estival. En una segunda fase, reteniendo las aguas de las lluvias estivales en los cursos altos de los ríos, se lograría una segunda cosecha durante la estación seca e incluso el cultivo de forma ininterrumpida. Todo el conjunto de la depresión está formado por suelos aluviales, de manera que su aprovechamiento agrícola es factible. Sólo falta el agua. Es decir, el agua sobra en estos momentos y hay que dejar las tierras que cubre al descubierto, para canalizar posteriormente esta misma agua hacia los territorios libres de inundación.

Esta es en síntesis la propuesta que me he permitido dirigir al Gobierno de Francia, parte sumamente interesada en la solución de este conflicto, seguro de que, si es factible, la activa y admirable política francesa y su considerable potencia económica sabrán aprovechar.

Le saluda muy cordialmente,

Juan Sanz Sanz"

"Julio 1987.

Estimado Señor:

Tengo el gusto de enviarle el breve estudio adjunto, "Ideas para un proyecto de desviación de las aguas del río Congo hacia las llanuras sahelianas", en el que expongo algunas soluciones hipotéticas a los problemas de África Subsahariana, se trata de aprovechar la enorme potencia del río Congo, gigante estéril, que puede ser la fuerza motriz que ponga en movimiento el continente africano, resolviendo con sus aguas el más grave de sus problemas: la escasez de recursos alimentarios, una base sin la cual la sociedad no puede progresar.

Y me dirijo a Usted y al Gobierno de Francia, en primer lugar, porque se trata de una posibilidad cuya ejecución exigiría el esfuerzo colectivo de la comunidad internacional; y, en segundo lugar, porque es sabido por todos el admirable empeño de Francia, a través del Ministerio que usted dirige, para beneficiar a estos países en la medida de lo posible.

Por ello apelo a su Gobierno para que tome en consideración la posibilidad aquí sugerida, aunque su realización resulte extremadamente costosa y a muy largo plazo.

Atentamente le saluda,

Juan Sanz Sanz"

Red fluvial
del
Río de la Plata

1987

SINOPSIS:

La propuesta consiste en apartar de la llanura principal la masa de agua del Paraná, vertiéndola en el curso del río Uruguay mediante su retención a la altura de Posadas y su encauzamiento mediante un canal hasta el álveo del río Uruguay, a 100 kilómetros de distancia.

El cauce del río Uruguay es más definido que el del Paraná y su distancia a la desembocadura mecho menor. La primera cuestión sobre la que no tenemos seguridad es di el cauce del Uruguay es capaz de admitir su caudal actual de 8.000 metrs3/segundo, más los 18.000 metros3/segundo del Paraná, es decir, una masa de agua de 26.000 metros3/segundo en la desembocadura.

Si ello fuera así, es decir, si por el cauce del Uruguay pudieran discurrir las aguas de los dos grandes ríos, las consecuencias serían muy apreciables sobre la región que actualmente se inunda, El cauce del Paraná argentino sólo habría de recibir las aguas que vierten en él a partir de Posadas, particularmente las del río Paraguay. De esta forma circularían por el cauce menos dejando el lecho mayor (de varias decenas de kilómetros) libre para el cultivo. En época de estiaje, es decir, cuando estos afluentes no bastan para mantener el nivel mínimo, podría el propio Paraná Superior aportar las aguas necesarias para mantener el nivel que permita el trabajo de los puertos fluviales a lo largo del gran río.

PROYECTO:

IDEAS PARA UN PROYECTO DE REGULACIÓN DE LOS RIOS DE LA RED FLUVIAL DEL PLATA.

Se me permitirá que exponga algunos hechos generales, sobradamente conocidos, pero no por ello menos necesarios.

El Río de la Plata es la tercera corriente fluvial de la Tierra, tras el Amazonas y el Congo, con un caudal aproximado en la desembocadura de 35.000 m3/segundo. De los tres grandes ríos que la forman, Uruguay, Paraguay y Paraná, es ese último, con mucho, el más potente. Formado el Paraná en territorio brasileño, atraviesa regiones extremadamente lluviosas y su caudal en los raudales de Sete Quedas es de 14.000 m3/segundo y a la entrada en territorio argentino no será inferior a 18.000 m3/segundo. Sólo el río Iguaçu lleva 1.750, desembocando en las cascadas y la frontera.

Las grandes inundaciones no están causadas sólo por la acción de las aguas del Paraná sobre la llanura. Ocurren cuando a las crecidas de éste se suman las de los restantes ríos, especialmente las del Paraguay. Pero sí es cierto que la principal masa de agua que interviene es la del Paraná. Por tanto, aunque no sea la causa única, es la principal y sobre ella debemos actuar.

A la altura de Posadas el Parán arrastra un caudal de aproximadamente 18.000 m3/segundo. Aunque las inundaciones en las llanuras argentinas obedecen tanto a la acción de los ríos como a la falta de drenaje espontáneo de muchas regiones, es indudable que la causa principal de ellas es el derrame de tan enorme masa de agua como la que arrastra el Paraná. Cuando convergen esos factores -falta de drenaje espontáneo y crecida de los grandes ríos. Se producen inundaciones catastróficas. Estas se vienen repitiendo tenazmente en los últimos años.

La propuesta consiste en apartar de la llanura principal la masa de agua del Paraná, vertiéndola en el curso del río Uruguay mediante su retención a la altura de Posadas y su encauzamiento mediante un canal hasta el álveo del río Uruguay, a 100 kilómetros de distancia.

El cauce del río Uruguay es más definido que el del Paraná y su distancia a la desembocadura mecho menor. La primera cuestión sobre la que no tenemos seguridad es di el cauce del Uruguay es capaz de admitir su caudal actual de 8.000

metrs3/segundo, más los 18.000 metros3/segundo del Paraná, es decir, una masa de agua de 26.000 metros3/segundo en la desembocadura.

Si ello fuera así, es decir, si por el cauce del Uruguay pudieran discurrir las aguas de los dos grandes ríos, las consecuencias serían muy apreciables sobre la región que actualmente se inunda, El cauce del Paraná argentino sólo habría de recibir las aguas que vierten en él a partir de Posadas, particularmente las del río Paraguay. De esta forma circularían por el cauce menos dejando el lecho mayor (de varias decenas de kilómetros) libre para el cultivo. En época de estiaje, es decir, cuando estos afluentes no bastan para mantener el nivel mínimo, podría el propio Paraná Superior aportar las aguas necesarias para mantener el nivel que permita el trabajo de los puertos fluviales a lo largo del gran río.

El río Paraná es un gigante que debe ser domeñado; su fuerza ha de ser útil a los hombres y no una calamidad constante. Mediante la simple operación -aunque costosa- de desviar su curso, tal vez se pudiera obtener ese resultado.

El lecho mayor del río Paraná en territorio argentino, independientemente de las llanuras pampeñas, tiene una extensión de 150.000 kilómetros cuadrados, según parece. Es el territorio en que principalmente se ceban las inundaciones y que, por esta causa, ha de ser abandonado a los caprichos del río. Si por el Paraná discurriera un caudal relativamente constante, sobre todo a base las aguas del río Paraguay, éstas atravesarían exclusivamente el lecho menor del río y el resto del lecho que el Paraná ha excavado en la llanura general, fertilísimo en su conjunto, podría ser aprovechado intensivamente, con la ventaja de disponer de agua para su cultivo de las lluvias durante la estación de éstas y del riego durante la sequía. Es decir, un territorio de cultivo constante, ininterrumpido, capaz de producir ingentes cantidades de alimentos.

Al bajar el nivel de las aguas en los cauces fluviales principales, se produciría su rebajamiento general y tanto los ríos afluentes como las llanuras encharcadas tendrían un mejor drenaje espontáneo, con lo que el efecto de la inundación marginal sería mucho menor y resultaría más fácil procurar a las regiones circundantes drenaje artificial. La clave está en el apartamiento de la llanura general de las aguas del Paraná brasileño.

En cuanto al exceso de agua que circularía por el cauce del Uruguay, no cabe dida de que resultaría un perjuicio para ese país en una primera etapa. Pero debemos tener en cuenta que el río se tornaría entonces navegable y enlazaría con la parte superior del Paraná. Sería, pues, una formidable vía de navegación, en un territorio que ahora carece de ella. El comercio, en parte, se inclinaría hacia él. Por otro lado, la estación hidroeléctrica de Pasadas, a partir de las aguas del Paraná dejadas correr por su lecho actual para compensar el estiaje, podría suministrar a ese país buena parte de la energía que necesita.

Tal es la propuesta que tengo el gusto de plantear al gobierno de la República Argentina.

Por último, no quisiera dejar de exponer sucintamente otra posibilidad, sobre el aprovechamiento del río Paraguay. Como se sabe, este río nace en el Mato Grosso y forma una región pantanosa en la que pierde buena parte de sus aguas. El Pantanal del Alto Paraguay es el resultado de la falta de salida del rio a causa de afloramientos arcaicos en la región que atraviesa el ferrocarril de Sao

Paulo a La Paz. Ahondando el cauce en aquel punto, se facilitaría la salida de las aguas y con ello se recuperarían las que se evaporan en la llanura, al tiempo que ésta sería cultivable, al quedar libre de la inundación. Liberadas las aguas del Alto Paraguay, el caudal de éste aumentaría considerablemente. Las aguas recuperadas, en lugar de discurrir por el cauce del Paraguay hacia el Paraná, podrían ser desviadas total o parcialmente con un canal que siga aproximadamente la cota de 100 metros sobre el mar, oblicuamente hacia el interior del Chaco, irrigando un enorme territorio de la margen occidental del Paraguay desde la frontera argentino-brasileña hasta la Serranía de Córdoba. El territorio irrigado podría generar también ingentes producciones agropecuarias.

SUGERENCIA:

"Marzo 1987.

Excelentísimo Señor.

Tengo el honor de dirigirme a Usted para someter a su consideración y a la de su Gobierno una sugerencia relativa al mejoramiento del sistema fluvial del Río de la Plata, que paso a exponer sucintamente:

Las grandes inundaciones que asolan casi anualmente vastos territorios ribereños a los grandes ríos platenses son causadas, en parte, por la enorme masa de agua que el Paraná arrastra a su entrada en la llanura argentina.

Precisamente en la zona en que el Paraná entra en la llanura, el curso del Uruguay discurre a una distancia aproximada de 100 kilómetros. Los cursos de ambos ríos estuvieron unidos en otra edad geológica y ahora los separa una llanura plana.

Más abajo, el cauce del río Uruguay es amplio, bien constituido, capaz de recibir un volumen de agua mucho mayor del que lleva actualmente.

La propuesta que hacemos cosiste en retener las aguas del Paraná en los aledaños de Posadas y desviarlas mediante un canal -que se apoyaría en la Sierra de Misiones- hasta el cauce del tío Uruguay.

Con ello se obtendrían los siguientes resultados:

1. El Alto Paraná quedaría regulado, no inundando ya las llanuras bajas.

2. El cauce ribereño del Paraná desde Posadas hasta el mar, es decir, el que el río ha excavado en la llanura pampeña, podría ser cultivado al modo que el valle del Nilo en Egipto, bien por cultivos de lluvia o con las aguas del propio Paraná-Paraguay en la época de estiaje.

3.   Por el Paraná inferior seguirían discurriendo las aguas del Paraguay y las que conviniera dejar paso por el dique de Posadas, de forma que la navegabilidad de los puertos fluviales quedaría asegurada.

4.   Álveo de la principal masa de aguas, el cauce del Uruguay se tornaría navegable y serviría de comunicación directa, más corta que la del Paraná hacia el Brasil sudoccidental.

Esta es la sugerencia que tengo el gusto de dirigirle, por si la misma no ha sido contemplada hasta ahora en los proyectos de desarrollo de su gran país.

Le saluda atentamente,

Juan Sanz Sanz"

Aprovechamiento de los ríos Atlánticos de la Península Ibérica

1984

SINOPSIS:

El futuro de la economía española no está sino en el desarrollo del único recurso firme con que cuenta: la agricultura. Pero este desarrollo no puede ser algo natural, porque las posibilidades actuales están poco menos que agotadas. Hace falta introducir un nuevo elemento, y este no puede ser otro que la aplicación sistemática del riego en gran escala, mediante un aprovechamiento exhaustivo de los recursos hídricos. Todo ello gira en torno a la posible ejecución del proyecto ideado para aprovechar las aguas de los ríos atlánticos de la Península Ibérica para la irrigación de las llanuras meridionales.

Territorio:

El Miño tiene un caudal en la desembocadura del 350 m3; el Duero, 600 m3: el Mondego, 180 m3; el Tajo, 500 m3; el Guadiana, 80 m3; el Guadalquivir, 200 m3. Total 1.910 m3. Sumando el caudal de otros ríos costeros de Galicia y Portugal, nada menos que 2.000 m3, tanto como el Nilo. El proyecto es crear un vasto sistema de riegos por la costa atlántica, desde Galicia hasta las sedientas tierras del Sur.

Como la Península es muy montuosa, los ríos se acercan al mar con frecuencia encajonados en valles angostos. Por otro lado, sierras litorales les cortan las llanuras costeras. Para conducir el agua hacia el Sur no va a haber más remedio que cortar alguna de estas sierras mediante obras de ingeniería considerables.

El más difícil de estos proyectos está entre el Miño y el Duero, donde apenas hay llanura litoral y las sierras llegan al mar. Esto obligaría a prescindir del Miño, el Limia, el Cávado y el Ave, antes de llegar al Duero, que es punto de partida. De esta forma, el caudal de agua aprovechable sería de 1.600 m3. Este caudal de agua es suficiente, en principio. Si más tarde hiciera falta más agua, podría recogerse la de los ríos gallegos y la del Beira al N. del Duero. Se trata de tomar al Duero como punto de partida. Sucesivamente, las aguas del Duero, Vouga, Mondego, Tajo, Sado, etc.

Un gran canal tendría que recoger las aguas íntegras del Duero a una altura de 100 ms, por ejemplo., que será el nivel en el que debe mantenerse. Un primer embalse, poco más arriba de Oporto. Inmediatamente al S. comenzaría la primera franja irrigada, en el Beira Litoral, entre la desembocadura del Duero y el cabo Cavoeiro, de forma triangular, 150 x 50 km, 4.000 km2.

Una vez irrigada esta llanura, hay que atravesar las serranías bajas que la separan del Tajo, que algunos sitios tienen poco más de 200 ms. de manera que la zanja no sería muy costosa. Grandes extensiones del Ribatejo, en el entorno de Lisboa podrían regarse a continuación y, más al S, también grandes espacios del Bajo Alemtejo, en el valle del Sado. Aquí posiblemente un espacio de 10.000 km2 sería irrigado.

El paso entre el Sado y el Guadiana tampoco es excesivamente difícil y a través de este río, que apenas tiene territorios que beneficiar, se entra en la llanura bética, cuyas tierras bajas a menos de 100 ms, llegan hasta Córdoba. Un triángulo entre Ayamonte y Tarifa (200 km) con 150 km al interior, 15.000 km2 en total. Así, de forma directa, el canal regaría 30.000 km2 de riegos mediterráneos, con varias cosechas al año o cultivos de plantación de alto rendimiento. Además, a lo largo de la costa meridional podría llevarse el agua a todas las vegas litorales, de Málaga, Granada, Almería, e incluso Murcia y Alicante.

El clima de las llanuras meridionales que se pretenden irrigar está de lleno en el clima subtropical, que se caracteriza por la falta de heladas, pero con temperaturas invernales suaves, cercanas al frío. Este clima es muy específico: una prolongada estación cálida, con temperaturas constantes por encima de cero, y una estación fresca, sin heladas. Tratándose de una transición entre el clima llamado

templado -que para nosotros es frío-
y el clima siempre cálido, prosperan
en él tanto las plantas de una como
de otra zona.

<u>Consideraciones:</u>

El problema del desarrollo
económico de un país es bastante
complicado. Existen infinidad de
limitaciones. En primer lugar, los
recursos; luego, los medios
financieros y humanos de que se
dispone; por último, la competencia
de los restantes Estados, dentro del
país y en el mercado internacional.
Sin embargo, la actividad económica
es como un ciclo, en el que unos
factores suscitan otros,
encadenándose, de forma que no
puede desarrollarse el ciclo si falta
algún eslabón o si es demasiado
débil y puede romperse por alguna
parte. El mercado interno y el
mercado mundial son los objetivos
de la actividad económica. Situar
productos en manos del comprador

es la finalidad de la actividad económica. Quizás sea una visión excesivamente mercantilista, pero la misión no consiste en asegurar las necesidades mínimas tan solo.

En el caso concreto de España, hay que analizar el asunto partiendo del principio, es decir, de los recursos con que se cuenta. Estos recursos básicos son los agrícolas, los mineros y los energéticos. También se puede contar como un recurso lo que existe hecho ya, es decir, toda la infraestructura industrial. Esto también es un recurso, pues es un punto de partida del que se puede empezar.

Los recursos mineros españoles son bastante mediocres, faltando precisamente las materias primas principales. Es decir, existen estas materias primas minerales, pero en medida mediocre, insuficiente para la industria. Somos deficitarios de hierro, cobre, bauxita. Tenemos algunos minerales importantes, como plomo, algo de estaño, mercurio, piritas. Salvo las piritas, mercurio y tal vez plomo, en lo demás, la minería española es deficitaria. Las posibilidades de acrecentamiento d producción de estas minas tampoco son grandes. Así por este camino poco es posible hacer.

En cuanto a los recursos energéticos, las posibilidades son todavía más limitadas. Carecemos por completo de la fuente de energía básica de esta época: los hidrocarburos. Sólo tenemos algo de carbón, poco rentable, y energía hidroeléctrica. La producción hidroeléctrica podría acrecentarse un poco más, pero no mucho. Así que en este terreno los recursos también son bastante pobres.

Finalmente, nos encontramos con toda la infraestructura industrial y financiera -acumulación de utillaje y capitales. Corresponde al nivel de nuestra economía actual; es decir, mediocre, sin grandes posibilidades de expansión rápida.

Así llegamos a los recursos agropecuarios. Este es el campo específico en el que las posibilidades de expansión son más grandes, porque en él la economía española tiene una gran ventaja: el clima mediterráneo. España es el país del mundo que tiene mayores extensiones de este clima específico, en el que se desarrollan un conjunto de producciones especiales. Además, en este clima son posibles las producciones subtropicales y las boreales.

Con el ingreso en el CEE *(El autor lo escribió en 1984*, España ha de someterse a una serie de producciones) específicas dentro de ella; es decir, a los productos que se obtienen también en las restantes agriculturas comunitarias, pero no a aquellas en las que no hacemos competencia; por ejemplo, el algodón, los cítricos, seguramente el maíz. Es decir, en aquellas producciones que importa la CEE. Este es el asunto que se podría analizar a fondo, porque este sería el camino para sentar una base económica firme.

No olvidemos que dentro de la comunidad, Dinamarca e Irlanda son dos Estados que dependen fundamentalmente de la actividad agropecuaria, no de la industrial. El camino económico para Portugal y España es el mismo, no sólo de cara al mercado comunitario, sino porque sus producciones no pueden lesionar el equilibrio de la agricultura europea.

El futuro de la economía española no está sino en el desarrollo del único recurso firme con que cuenta: la agricultura. Pero este desarrollo no puede ser algo natural, porque las posibilidades actuales están poco menos que agotadas. Hace falta introducir un nuevo elemento, y este no puede ser otro que la aplicación sistemática del riego en gran escala, mediante un aprovechamiento exhaustivo de los recursos hídricos. Todo ello gira en torno a la posible ejecución del proyecto ideado para aprovechar las aguas de los ríos atlánticos de la Península Ibérica para la irrigación de las llanuras meridionales.

Las llanuras del Ribatejo y Alemtejo, de la Bética, podrían ser grandes oasis, del estilo del egipcio, pero más grandes. La cantidad de agua que llevan los ríos españoles es superior a la del Nilo. Esta es la base sobre la que podría evolucionar la economía española de manera firme.

La economía española lleva una existencia sumamente inerte, refleja de la actividad europea y, en cierto modo, parasitaria. En el extranjero, la supervivencia de nuestra economía se negocia frecuentemente sobre argumentos políticos, militares y culturales, más que económicos. Pero estos argumentos, en caso de crisis económica generalizada, pueden no ser oídos y nuestra economía, carente de una base firma, pronto entraría en una brusca bancarrota *(*1984)*. España necesita una base más firme sobre la que sostenerse que meros acuerdos coyunturales. Estar en la CEE es una garantía, en parte, de supervivencia, pero no es una garantía total. La economía española debe sostenerse a sí misma, si es posible; si no lo es, no hay duda de que no puede hacerse otra cosa que lo que se hace.

De ahí que se proponga una solución que tal vez haya sido planteada anteriormente, pero que puede contribuir a dar a la economía española una base más firme que la que actualmente tiene.

PROPUESTA:

"9 de Diciembre de 1984.

Señor:

Tengo el place de dirigirme a usted con una propuesta relativa al aprovechamiento de los recursos hidráulicos de los ríos atlánticos ibéricos en la irrigación de las llanuras meridionales, que en síntesis consiste en lo siguiente:

Los ríos atlánticos de la Península tienen un caudal considerable (350 m3/s el Miño, 100 m3/s el Limia, 600 m3/s el Duero, 180 m3/s el Mondego, 500 m3/s el Tajo). En conjunto, más de 1.500 m3/s. Por falta de espacio agrícola y condiciones climáticas, apenas es posible aprovecharlos para el riego en forma óptima.

Por el contrario, en la parte meridional de la Península Ibérica hay grandes espacios llanos o semi llanos -Alemtejo, Bética-, territorios faltos de agua, por cuyos ríos discurre un caudal relativamente pequeño. Son dos factores complementarios. En el Norte, el agua sobra y no puede ser aprovechada, en tanto que en el Sur esta agua, si existiera, daría frutos espléndidos.

La propuesta o sugerencia que me permito dirigir a su Gobierno consiste en unir estos dos factores complementarios, llevando esta agua septentrional a las grandes llanuras meridionales, mediante la construcción de un canal que, por la cota de los 100 metros aproximadamente, recoja las aguas del Duero, y, a través de la Beira Litoral, las del Mondego y Vouga; atraviese las vertientes que limitan por el Norte la ría del Tajo, de poca altitud, cruce las penillanuras del Alemtejo, también de poca altitud, alcance el Bajo Guadiana y llegue a las llanuras béticas. Podría ser irrigado casi todo el espacio cultivable situado por bajo de los 100 metros sobre el mar.

Si la cantidad de agua que pudiera derivarse hacia el Sur fuera de 1.000 a 1.200 metros cúbicos por segundo, se podrían irrigar 2 o 3 millones de hectáreas.

Se trata de una obra considerable, pero técnicamente factible, y sus resultados económicos compensarían generosamente el esfuerzo. España tendría una base agraria muy firme.

El clima cálido de los territorios que podría irrigarse permitiría el desarrollo de producciones subtropicales de las que Europa es deficitaria, de manera que esta producción no provocaría un conflicto con el actual sistema agrario europeo.

Por otro lado, la necesidad de que Portugal y España participen hermanadamente en la realización de esta empresa suscitaría entre los dos Estados una interdependencia estrecha, que acabaría con la tradicional incomunicación de ambos pueblos.

Esperando que las ideas expuestas sean de utilidad, le saluda muy cordialmente,

Juan Sanz Sanz

Indochina

1983

SINOPSIS:

Poner en cultivo la gran extensión de tierras bajas de Indochina Meridional es el principal objetivo de este proyecto. Aprovechar las aguas de la mitad septentrional del subcontinente, montañoso y de grandes lluvias, para irrigar su mitad meridional. La clave del proyecto es la regularización de las aguas del Mekong, río que en la desembocadura lleva un caudal de 13.000 metros 3/segundo. Para eso sería preciso construir dos grandes embalses. Uno a la salida del río de las montañas, que retenga las aguas de todo el curso superior. El punto más apropiado parece estar inmediatamente arriba de Luang Prabang. Con las aguas retenidas aquí podrían irrigarse las llanuras de Thailandia Oriental y del valle del Menam. Un segundo embalse a la salida del río a la llanura costera, en la región de las cataratas, para regularizar el curso inferior e irrigar Camboya y Cochinchina,

Complementarios al proyecto del Mekong son los del Iravadi y del río Rojo de Tonkin, Camboya y Cochinchina. El mismo trabajo es preciso en los ríos Tonkin y Annam. Pero hay un proyecto muy especial en esta región, en torno al aprovechamiento del río Saluen.

EL PROBLEMA DE INDOCHINA:

<u>Ideas para un proyecto de transformación del subcontinente.</u>

Uno.

El problema de Indochina es particularmente delicado, no sólo por los conflictos que allí suceden, sino porque la paz mundial está verdaderamente amenazada por esta situación de beligerancia crónica. Nos encontramos ante un fenómeno de balcanización. Con un conjunto de Estados en equilibrio precario, con graves motivos de conflicto potencial y enfrentados en bandos diferentes, tras los que se encuentran potencias mucho mayores.

Aparentemente, el peligro de que un conflicto local se generalice y pueda adquirir dimensiones mundiales es mayor en Asia

Occidental, Centroamérica, o en lugares de tensión permanente como Europa Central. Pero, precisamente por ello, el riesgo es en la práctica menor, porque la voluntad pacifista que hoy existe indudablemente en el mundo está pendiente de ellos y pone todo el esfuerzo en impedir que crezcan.

El conflicto de Indochina, en cambio, tiene en apariencia menos importancia, menos perentoriedad. Lejos de las áreas de intereses inmediatos de las grandes potencias militares o industriales, no parece amenazar directamente más que a los propios interesados. Por esta causa, en parte, este conflicto se ha tornado perenne, parece no tener fin. Pero en este hecho reside precisamente el gran peligro, porque un conflicto crónico, si encuentra nuevos motivos de discordia de que alimentarse y, a su vez, no halla la voluntad pacifista suficientemente avisada y precavida, puede alcanzar un desenlace imprevisible.

Recordemos cómo empezó la Primera Guerra Mundial, tras un largo lapso de paz de casi medio siglo. No se desató la sangrienta contienda en la frontera de las grandes potencias beligerantes, sino en el lugar más inesperado. Un conflicto local que arrastró a potencias intermedias, las cuales, a su vez, empujaron a las mayores a entrar en él. En Indochina se da al mismo fenómeno de balcanización y lo que ocurrió entonces, podría repetirse en el futuro. Este subcontinente vive una situación de beligerancia, en mayor o menor medida, constante desde hace más de cuarenta años *(*1983)*. Estos conflictos existen por sí mismos y, en parte, por el influjo de factores exteriores. Pero están comenzando a entrar en juego elementos nuevos de discordia, que van a agravar su virulencia. Y es aquí precisamente donde está el peligro de que se conviertan en algo más que una guerra lejana, que no hace peligrar los grandes intereses mundiales.

Dos.

De una manera un tanto arbitraria fue dividido el mundo en continentes y más apropiado sería hacerlo en espacios geográficos menores, que forman un mundo interior, un microcosmos, en los que las sociedades que viven en ellos tienen entre sí más relación y afinidad que con las limítrofes, que forman, a su vez, otro ámbito peculiar, otro microcosmos. Esta comunidad que suscita una convivencia inevitable está causada por un cierto determinismo geográfico. Así, en Asia, el espacio de Iran y el Turan forman una unidad natural; también el espacio indio o el espacio chino. En el Sureste de Asia encontramos dos subcontinentes: Indochina e Insulindia. Aunque se suele englobar a ambos dentro de esta acepción general de "Asia del Sureste", la realidad es que forman dos organismos completamente distintos. Mientras Insulindia es un vasto espacio marítimo, en el que todos los pueblos viven carca del mar y se realizan a través de éste casi todas las relaciones, en el espacio indochino encontramos sociedades, por lo general, interiores, de espaldas al mar, salvo en la costa vietnamita. Indochina es un mundo cerrado, de caminos terrestres, de ríos poco navegables, rodeado por cordilleras costeras, selváticas, que aíslan del exterior, con pequeñas cuencas aluviales separadas por espacios salvajes y deshabitados y, además, sometidas a la presión constante de un vasto territorio montañoso septentrional que también forma parte de ella. A su vez, las grandes rutas de navegación son alejadas del mundo indochino por ese largo brazo que es la Península de Malaca, como si a la Naturaleza no le bastaran las barreras que para la penetración de otras culturas son sus montañas selváticas y sus núcleos habitables aislados.

El espacio indochino comprende, no sólo la península propiamente dicha -de la que hay que separar Malasia- sino la vasta región montañosa que se extiende al Norte y llega hasta los confines del Tibet: el Yunnan y parte del Kuangsi. Estos territorios desde hace siglos están integrados políticamente a la China, cuya capacidad aglutinante ha llegado hasta aquí. Pero en tiempos anteriores gravitaban hacia el Sur, formando una comunidad natural con las sociedades de los valles meridionales. Esto no significa nada desde un punto de vista político, ya que la política es la superación de estas limitaciones naturales y es siempre beneficioso que, dentro de las fronteras del Estado, que no tienen por qué corresponder con las geográficas, sociedades diferentes convivan y se enriquezcan mutuamente sus culturas. Pero este espacio montañoso septentrional, que forma parte del microcosmos indochino, es una de las regiones más extrañas del mundo. Un haz de grandes ríos paralelos, encajonados en profundos e insanos abismos y separados por altas montañas selváticas, ha formado a lo largo de la Historia una barrera infranqueable para la relación entre las dos grandes culturas de aquella parte del mundo: India y China. Entre Bengala y el Sechuan, dos territorios a los que la alta civilización llegó hace miles de años, hay apenas un millar de kilómetros en línea recta a través de esta selva montañosa. Sin Embargo, estas culturas no han podido darse la mano a través de ella. Al contrario, han tenido que seguir la ruta marítima, varias veces más larga, o dar un enorme rodeo por las estepas de Asia Central. Por este último camino llegó el budismo a China.

Así, pues, tenemos que sobre el núcleo habitable de Indochina en los grandes valles meridionales -Iravadi, Menam, Mekong, Rojo- han gravitado, a lo largo del tiempo, dos tipos de influencias opuestas. Una influencia exterior fr las culturas superiores de China e India, que ha encontrado para arraigar las dificultades que la Naturaleza presenta y sólo han podido penetrar desde el mar por los escasos espacios bajos y abiertos de las desembocaduras de estos grandes ríos. En realidad, la influencia de estas culturas superiores se ha realizado por tierra, a través de un largo camino que va desde Bengala a la China Meridional, pasando por Birmania, Thailandia, Camboya, Annam y Tonkin. Y frente a esta influencia de las culturas superiores, contrarrestándola, aparece la acción de los pueblos montañeses, semisalvajes, que una vez y otra han descendido a las llanuras bajas en los momentos en que las sociedades creadas en los valles densamente poblados, de cultura refleja, entraban en crisis.

Nos hallamos ante un espacio natural hermético, dividido en compartimentos estancos, sometido a la acción, por una parte, de civilizaciones del exterior, que suscitan culturas reflejas; y, por otra, de pueblos montañeses semisalvajes que han provocado un remozamiento de la sociedad en las épocas en que la cultura había degenerado. Esto es lo que ha sido en el pasado y lo que hallamos hoy no es más que, en buena medida, su resultado. Indochina ha visto pasar por su suelo, a lo largo de los milenios, culturas diferentes, pero ella misma permanece inalterable, hermética, con un pie en la más alta civilización y otro en el primitivismo radical. No hay que dejarse deslumbrar por las maravillas de Angkor; esta es sólo una de las caras de la moneda.

Tres.

Sobre este trasfondo que el pasado nos lega y que condiciona el devenir se halla la situación presente. Como en el resto de los países del Tercer Mundo, hay un factor que está conmocionando totalmente las sociedades nacionales, obligándolas a transformarse radicalmente: el crecimiento demográfico. El número de habitantes que coexisten en una sociedad es uno de los factores determinantes de su estructura. Si este número varía de forma notable, multiplicándose varias veces, la estructura de la sociedad varía también. Es un factor cuantitativo que acaba produciendo efectos cualitativos. Si tomamos el ejemplo de Thailandia, vemos que hace poco más de un siglo su territorio albergaba a unos 6 millones de personas, que hoy se han convertido en casi 50 *(*1983)*; es decir, se ha multiplicado por 8 el número de sus habitantes. Este crecimiento vertiginoso es una formidable fuerza impulsora, que impide que la sociedad permanezca estática y le obliga a transformarse. Como Thailandia es un país de la extensión de España o Francia, era capaz de alimentar a muchos más habitantes de los que tenía en un pasado no muy lejano. Pero se está llegando -y este ejemplo vale para los demás países de la zona- a una situación crítica en que la capacidad de subsistencia está alcanzado el límite soportable con los medios actuales. No hace mucho tiempo Thailandia, Birmania y Vietnam estaban entre los principales exportadores de arroz. Las grandes plantaciones de los deltas del Iravadi, Menam y Mekong fueron creadas para este fin comercial. Hoy estos países necesitan la mayor parte de sus recursos alimentarios para su propia subsistencia. Todos ellos dependen fuertemente de la ayuda exterior. Ninguno tiene una economía sólida, que garantice su estabilidad. Entretanto, el factor demográfico y, a su vez, el deseo generalizados de la masa de compartir los bienes de un nivel de vida moderno siguen empujando hacia adelante.

Por otro lado, alguien podría pensar que la guerra, con su mortandad, es un remedio contra este crecimiento de la población y contra la esperanza de la masa de mejorar su condición de vida. En algunas mentes calenturientas esta posibilidad aparece de vez en cuando. Pero es algo que precisamente en esta parte del mundo se ha demostrado completamente falso. En Camboya las sucesivas calamidades provocaron una terrible desaparición de la población en edad viril. Y, sin embargo, el crecimiento demográfico no sólo ha seguido siendo grande, sino que ha compensado aquellas pérdidas.

La población sólo puede regular su crecimiento por sí misma, no por la intervención de factores exteriores. Una de las causas de que el número de habitantes haya crecido tanto en las últimas generaciones ha sido la desaparición de las grandes epidemias, que antes lo diezmaban. Pero la verdadera causa del crecimiento de la población en los países tropicales es económica. En efecto, los sistemas de cultivo de aquellos países, sobre todo los que basan su subsistencia en el cultivo del arroz, exigen la colaboración en los trabajos agrarios de los niños, que realizan labores más livianas, pero necesarias, que en otro caso habría de hacer un hombre. El sistema de explotación que allí existe hoy se basa en este hecho. La mano de obra infantil es necesaria, a nivel familiar, para ir adelante. Se tienen muchos niños porque los padres necesitan de ellos para poder cultivar sus pequeñas explotaciones. Sólo un cambio económico y, por ende, social puede hacer que esta población se regule espontáneamente. Mientras no se dé el paso delante de mecanizar y electrificar el campo y de hacer que las explotaciones rurales sean suficientes para el mantenimiento de las familias, será inevitable este crecimiento vertiginoso de la población. Este problema es tanto más grave cuanto que en nuestra época se ha llegado a una situación en la que, con los medios actuales, la capacidad alimentaria de aquellos países ha alcanzado el límite. Los sistemas tradicionales de explotación y cultivo, a pesar de las mejoras que paulatinamente se han ido introduciendo, no dan para más. Hace falta cambiar la situación.

Cuatro.

En los países tropicales la agricultura es la actividad económica primordial Produce la mayor parte de la renta y emplea a una gran mayoría de la población. Desde nuestra óptica occidental, de países industrializados, no reparamos en este hecho. Pero las grandes masas del Tercer Mundo subsisten, en su mayor parte, gracias a la explotación del suelo, bien en forma de agricultura casi exclusivamente en los países asiáticos, bien asociada a la ganadería en gran escala como en América. Por eso, siendo la agricultura su principal fuente de riqueza, es también su mayor problema.

La agricultura tropical es fruto de las grandes lluvias que caen en estas regiones, las más húmedas del globo. A gran distancia, es la parte del mundo donde más llueve. Luchando contra la selva primigenia, el campesino ha logrado poner en cultivo aquellos territorios donde la fuerza de la Naturaleza era menos potente: espacios de bosque claro, sin aguas estancadas, con buenas comunicaciones fluviales o marítimas, enriquecidos por los limos de los ríos, Pero estas lluvias son muy irregulares; las variaciones de un año a otro son de 1 a 3 o de 1 a 4, con grandes extremos de inundaciones y sequías devastadoras. En la mayor parte de los países que no están en torno a la línea ecuatorial sólo se producen durante una estación, que es la de cultivo, mientras que la otra mitad del año sufre una sequía pertinaz. Sin embargo, las lluvias durante la estación monzónica no caen siempre con la misma intensidad ni en los mismos lugares. Basta con que durante diez días las lluvias no hagan su aparición sobre los cultivos, en la estación lluviosa, para que éstos se agosten y se pierda la cosecha. Sin embargo, si las lluvias son suficientes y llegan a tiempo, cualquier tierra labrada da unos rendimientos notables, sin apenas necesidad de abonos, sólo con el trabajo humano. Pero esto sólo ocurre las menos de las veces. Lo normal son grandes variaciones en el rendimiento de los cultivos, con sus secuelas de años de abundancia y de penuria. Donde hay dos estaciones lluviosas -países en torno al ecuador, China Central, India del Noroeste- se pueden obtener dos cosechas. Pero casi todos los territorios tropicales no tienen más que una sola época húmeda y, por tanto. Una sola cosecha.

Esta es la situación que debe corregirse y para ello no hay otra solución que generalizar los cultivos por riego, es decir, aprovechar el agua de los ríos. Alisios y monzones sobrevienen con extremada violencia, encharcando los campos e hinchando los ríos. Los ríos tropicales tienen un caudal muy irregular, con variaciones que van de 1 a 100 entre estiaje y crecida. Su principal misión es servir de desagüe a la inundación general. Mediocres vías de navegación, a pesar de su caudal, sólo tienen utilidad durante la crecida. Pasan junto a los campos de cultivados con las lluvias como extranjeros indeseables, de los que hay que defenderse por fuertes diques, como espada de Damocles que pende sobre las campiñas, a las que devastan a la menor flaqueza de los muros de contención.

Esta agua residual de las lluvias que por los ríos va a perderse en el mar es la que habría que aprovechar de manera exhaustiva mediante el riego. Con ello se conseguiría compensar la irregularidad de las lluvias, obtener una segunda cosecha durante la estación seca y ganar para el cultivo grandes extensiones que hoy no se cultivan por falta de agua. Para ello es preciso regularizar los ríos, mediante embalses, reteniendo las aguas de la estación lluviosa para emplearlas en la seca. Esta regularización traería dos consecuencias notables, además. Por una parte, evitar las grandes inundaciones de los ríos en las tierras bajas, aluviales, que son las más fértiles, allí donde los diques no logran impedirlo. Y dotar a estos países de una fuente de energía eléctrica que sirva de base a su desarrollo industrial.

Cinco.

En el caso concreto de Indochina, todo lo dicho en el punto anterior puede aplicarse aquí. Grandes lluvias en las cabeceras de los ríos y en la costa; un núcleo central mucho menos lluvioso, que llega a estepario en algunas regiones. Extensos países montañosos en el Norte y a lo largo de la costa y vastas llanuras en el centro y a lo largo de los valles. Cultivos de lluvia en los deltas de los grandes ríos -Iravadi, Menam. Mekong, Rojo-, protegidos por diques. Extensas regiones bajas que se inundan durante la crecida estival. Poblamiento discontinuo. Los cuatro grandes deltas son los centros vitales del subcontinente, En la costa annamita, a lo largo del Mekong, del alto Menam, del Iravadi medio, pequeñas vegas aisladas. Y el bosque tropical siempre presente, envolviendo los núcleos habitados.

Poner en cultivo la gran extensión de tierras bajas de Indochina Meridional es el principal objetivo de este proyecto. Aprovechar las aguas de la mitad septentrional del subcontinente, montañoso y de grandes lluvias, para irrigar su mitad meridional. La clave del proyecto es la regularización de las aguas del Mekong, río que en la desembocadura lleva un caudal de 13.000 metros 3/segundo. Para eso sería preciso construir dos grandes embalses. Uno a la salida del río de las montañas, que retenga las aguas de todo el curso superior. El punto más apropiado parece estar inmediatamente arriba de Luang Prabang. Con las aguas retenidas aquí podrían irrigarse las llanuras de

Thailandia Oriental y del valle del Menam. Un segundo embalse a la salida del río a la llanura costera, en la región de las cataratas, para regularizar el curso inferior e irrigar Camboya y Cochinchina. Cada uno habría de tener una capacidad de 150 kilómetros3 aproximadamente. Desde estos dos puntos las aguas pueden ser repartidas por canales fácilmente sobre sus respectivas llanuras bajas.

El valle del Menam, la llanura de Thailandia propiamente dicha, podría irrigarse así totalmente. Hoy sólo se aprovecha su mitad meridional, ya que la septentrional está convertida en un pantano, un estanque natural que retiene las aguas y está deshabitado. Habría que ahondar el cauce del Menam para que estos pantanos desparecieran e irrigar las llanuras con aguas del Mekong procedentes del estanque superior o desde el inferior a través de Camboya.

Las llanuras de Thailandia Oriental, habitadas principalmente por laosianos, son poco fértiles en conjunto y en parte cubiertas de pantanos. Habría que facilitar su desagüe hacia el Mekong, hacia el embalse inferior de este río. Aunque las tierras no sean demasiado fértiles, tal vez la puesta en cultivo mediante la irrigación las hiciera rentables.

Las llanuras bajas de Camboya no se inundarían ya y podrían ser aprovechadas en su totalidad. Ahora se cultiva menos de la quinta parte del territorio. En cuanto al delta del Mekong, de acusada estación seca, podría dar dos cosechas y duplicar su rendimiento actual.

Una vez regulado el Mekong, todas las llanuras de Indochina Meridional verían asegurada su cosecha

Durante la estación monzónica, compensando la irregularidad de las lluvias. Se ampliaría la extensión de las tierras cultivadas, multiplicándose varias veces. Y se conseguiría una segunda cosecha en las tierras que están en cultivo.

Seis.

Complementarios al proyecto del Mekong son los del Iravadi y del río Rojo de Tonkin. El Iravadi es un río muy caudaloso (13.000 m3/s) que discurre por un valle bajo y relativamente angosto, con grandes lluvias en la cabecera y en el delta y una región central bastante seca. Es navegable hasta Bhamo, a 1.600 kilómetros del mar. En las cercanías de este punto deberían ser retenidas las aguas de la parte alta. Un poco más abajo, en Mandalay, su anchura en estiaje es de 2 kilómetros y de 12 en crecida. Esto nos da una idea de la cantidad de agua que podría aprovecharse. Con ella se conseguirían los fines apuntados más arriba: evitar las desastrosas inundaciones, compensar la irregularidad de las lluvias en los años menos favorecidos, obtener una segunda cosecha durante la estación seca y, finalmente, extender el área de cultivos. Podemos suponer lo que esto significaría para Birmania.

El mismo trabajo es preciso en los ríos Tonkin y Annam. El principal de ellos, el Rojo, devastaba periódicamente la llanura baja. Sus aguas darían una segunda cosecha. También los pequeños valles de los ríos de la costa annamita necesitan del riego artificial, a pesar de la abundancia de lluvias y a la doble estación en que estas se producen. Pero sus cuencas están extremadamente superpobladas y lo que producen no es suficiente.

Siete.

Hasta ahora la renovación de la fertilidad de los campos ha sido producida por los limos de las inundaciones o por el abono orgánico. Poner tantas tierras nuevas en cultivo y someter a las que ya existen a una explotación intensiva, con dos o más cosecha al año, requiere la utilización masiva de abonos químicos. Esto significa encarecer el costo de la explotación; pero es algo inevitable y sería compensado con creces con el aumento de las producciones en general y de los rendimientos por hectárea.

Unos países que hoy día no producen lo necesario para una alimentación suficiente, si sus áreas cultivadas se extendieran y sus cultivos aumentaran de rendimiento mediante la aplicación sistemática del riego, no sólo tendrían alimentos superabundantes, con los que hacer frente al crecimiento rápido de la población, sino que podrían destinar una parte del esfuerzo a la producción de materias primas agrícolas para la industria -textiles, oleaginosos- y a plantaciones comerciales. Bien sabemos que en la situación actual de saturación del mercado mundial y de caídas de los precios de estos productos esta es algo impensable y utópico. Pero creemos que hay que hacer proyectos cara a una mejora general del nivel de vida y un aumento del comercio. El nivel material de las civilizaciones está determinado por la intensidad de los intercambios comerciales. La sociedad sólo puede avanzar en este sentido y, si no lo hace, retrocede y acaba atomizándose. Este es el camino de que la civilización se empobrezca y termine desintegrándose. Un nivel de civilización pleno es aquel en que los productos de todas partes llegan a todas partes. No se puede avanzar hacia atrás; las políticas restrictivas no pueden producir otra cosa que la ruina general.

Ocho.

Por otro lado, no sólo de pan vive el hombre -como suele decirse. Los grandes embalses serían también fuentes de energía con que electrificar aquellos países, dotándole de la base para su desarrollo urbano e industrial. Una de las mayores taras que sufre la región es la falta de fuentes de energía, pues ni petróleo, ni carbón, ni gas natural se obtienen en cantidades apreciables. Esta base es tan necesaria como la agrícola. Agricultura y energía son los dos pies sobre los que aquellas sociedades podrían echar a andar.

Pero hay un proyecto muy especial en esta región, en torno al aprovechamiento del río Saluen. Este río no tiene la menor utilidad agrícola. Discurre en su totalidad por un profundo surco, cientos y aún miles de metros por debajo de las montañas, hasta su misma salida al mar. Parece como si quisiera pasar desapercibido. Sin embargo, atraviesa regiones muy lluviosas y su caudal parece que es de 10.000 metros3/segundo. Su agua hoy día no sirve para nada y antes al contrario, el abismo por el que discurre, malsano y cubierto de espesa selva, ha sido el mayor de los obstáculos que los viajeros encontraban en el camino más corto entre la India y la China. Sus bocas se encuentran a unos 150 kilómetros al Este de Rangun. A un centenar de kilómetros de la desembocadura se podría construir una estación hidroeléctrica, que podría hacerse tan alta como se quisiera, pues las montañas que caen a pico sobre el río tienen más de 1.000 metros. Recordemos que las presas de Rogunsky y de Nurek, ambas de tierra, tienen 488 y 317 metros de altura respectivamente. Este dique sería una obra ciertamente colosal. Si fuera posible darle una altura de, por ejemplo, 500 metros, su capacidad de producción eléctrica anual sería de 400.000 millones de kilovatios hora, cinco veces más que la presa de Itapu, sobre el Paraná, recientemente terminada. La proximidad del mar, el ferrocarril entre Rangun y Moulmein y los puertos de ambas ciudades -esta última se encuentra en su estuario- facilitarían las obras. Con sólo esa presa se podría electrificar Indochina, siempre que sea cierto ese caudal que se le atribuye de 10.000 metros3/segundo.

Nueve.

Es necesario suscitar en Indochina una mejora general, por este procedimiento u otro semejante, que haga frente al problema que representa el crecimiento vertiginoso de la población y la demanda creciente de un mejor nivel de vida que hay hoy en las masas, Pero, sobre todo, es necesario hacer frente a un problema político escabroso. La política sólo se ocupa de las cosas necesarias, no de lo que puede ser bueno u óptimo. Este proyecto no sólo es un beneficio para aquellos países, sino una necesidad para la estabilidad mundial, por las razones que apuntábamos en el punto primero de este estudio.

En efecto, en Indochina dos Estados fuertemente armados, Thailandia y Vietnam, cada uno de ellos claramente alineado con un bloque militar. A su vez, en torno a la región, dos potencias militares - China e India- que podemos calificar de intermedias ya que, a pesar de su poder están lejos de las mayores. Y todo ello girando en torno a la situación interna del subcontinente, que ya hemos visto cual es. Es preciso que esta situación cambie, que desaparezcan los motivos internos, locales, de discordia, para prevenir el peligro de que una situación turbulenta, andando el tiempo, pueda desencadenar un conflicto mucho mayor, de proporciones incalculables. Es un conflicto que está ahí, es un problema que hay que resolver. La construcción de cinco grandes embalses y unos cuantos canales de riego no es un precio excesivo y la comunidad internacional debe, por este medio u otro semejante, preservar su supervencia.

ESTUDIO:

"Abril, 1983.

Señor Presidente.

Atendiendo de nuevo al llamamiento que la Comisión Norte-Sur realizó a la opinión pública en el pasado mes de febrero y acogiéndome a la hospitalidad intelectual que me brinda, le envío un estudio sobre los problemas de Indochina, que espero pueda ser útil en los trabajos de esa comisión para aclarar las ideas y esbozar soluciones.

En espera de que sea así, reciba un cordial saludo.

Juan Sanz Sanz"

www.ingramcontent.com/pod-product-compliance
Lightning Source LLC
Chambersburg PA
CBHW061618250726
48657CB00012B/20